介護スタッフのための 医療の教科書

急変時対応

著 介護と医療研究会

監修 川邉正和　川邉綾香

本書内容に関するお問い合わせについて

このたびは翔泳社の書籍をお買い上げいただき、誠にありがとうございます。弊社では、読者の皆様からのお問い合わせに適切に対応させていただくため、以下のガイドラインへのご協力をお願い致しております。下記項目をお読みいただき、手順に従ってお問い合わせください。

●ご質問される前に

弊社Webサイトの「正誤表」をご参照ください。これまでに判明した正誤や追加情報を掲載しています。

正誤表　　　　https://www.shoeisha.co.jp/book/errata/

●ご質問方法

弊社Webサイトの「書籍に関するお問い合わせ」をご利用ください。

書籍に関するお問い合わせ　　https://www.shoeisha.co.jp/book/qa/

インターネットをご利用でない場合は、FAXまたは郵便にて、下記"翔泳社 愛読者サービスセンター"までお問い合わせください。
電話でのご質問は、お受けしておりません。

●回答について

回答は、ご質問いただいた手段によってご返事申し上げます。ご質問の内容によっては、回答に数日ないしはそれ以上の期間を要する場合があります。

●ご質問に際してのご注意

本書の対象を超えるもの、記述個所を特定されないもの、また読者固有の環境に起因するご質問等にはお答えできませんので、あらかじめご了承ください。

●郵便物送付先およびFAX番号

送付先住所　　〒160-0006　東京都新宿区舟町5
FAX番号　　　03-5362-3818
宛先　　　　　（株）翔泳社 愛読者サービスセンター

[はじめに]

　転倒や発熱、誤嚥など、高齢者の急な体調の変化はしばしば見られます。利用者の急変時に、医療機関であれば、すぐ医療職による専門的救命処置が行われます。一方、介護施設では、医療職でなくてもできる初歩的な救命処置や応急処置を行う必要があります。

　しかし、介護スタッフがそのような場面に遭遇したときに、すぐに医療職と連携をとれる状況とは限りません。日頃から利用者の様子をよく見ておくことはもちろん、体調の変化に対する、迅速で適切な対応が求められます。しかし、事前に知識がなければ、様子に変化が見られる利用者を前に、とっさに適切な判断・対応をとることはむずかしいでしょう。

　医療に関する知識は膨大な量に及びますが、まず基本的な内容を押さえることで、医療との連携がスムーズになります。

　本書は、利用者がいつもと違う症状を起こしたときに、適切な対応がとれるようにするための対処法をまとめたものです。

　利用者を懸命に支える介護スタッフの人々にとって、本書がその一助となれば幸いです。

介護と医療研究会

本書の使い方

本書の構成

　本書は、利用者の体調が急変したときの対応をまとめた本です。

　大きく分けて、「急変時についての基本知識」と「症状別の急変時にすべき対応」で構成しています。基本知識では、急変時とはどういう症状をいうのか説明したのち、人工呼吸など、応急処置について解説。そして、症状別に、症状の段階を追いながら確認できるように対応の手順を解説しています。

　また、急変時のマニュアルシートなどは、ダウンロードしてご利用いただけます。

　緊急的な場面ですべき対応やチェックすべきポイントを、すぐに確認できる、実用的な1冊となっています。

紙面の構成

　本書は、3章構成となっています。まず、「急変時対応の基本」（PART 1）では、そもそも急変時とは？　というところから、体に起こるサインの見分け方など、基礎的な知識や考え方を解説。「すぐに救急車を呼ぶべき症状」（PART 2）では、症状別に対応の手順をフローチャート方式で掲載。「まず現場でできる対応」（PART 3）では、現場で確認すべきポイントなどを解説。急変時の現場で今すぐ確認したいこと、困った際に取るべき行動がわかる本になっています。

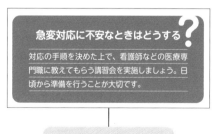

急変時に介護スタッフが抱えがちな不安を事例として記載しています

Webからダウンロードできる実践シート（159ページ）を示しています

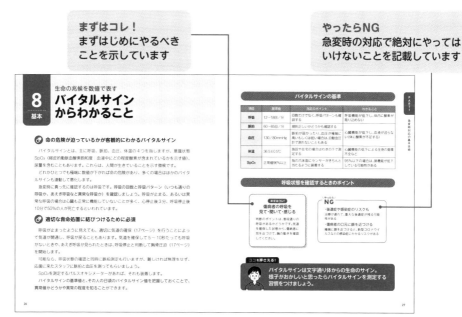

まずはコレ！
まずはじめにやるべき
ことを示しています

やったらNG
急変時の対応で絶対にやっては
いけないことを記載しています

症状を示しています

症状が原因として考えられる
重大な疾患を示しています

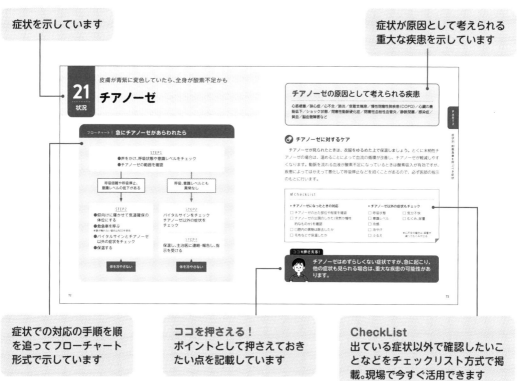

症状での対応の手順を順
を追ってフローチャート
形式で示しています

ココを押さえる！
ポイントとして押さえておき
たい点を記載しています

CheckList
出ている症状以外で確認したいこ
となどをチェックリスト方式で掲
載。現場で今すぐ活用できます

もくじ

PART 1
急変時対応の基本技術

PART 2
症状別・即救急車を呼ぶべき症状

PART 3
まず現場で対応・急変時対応

PART 4
巻末資料

疾患別索引

PART 1

急変時対応の基本技術

1
基本

いざというときのために知っておきたい
急変とは？
基本的な救命処置とは？

 ## 予期せぬ急変への対応

「急変」というのは、心停止、呼吸停止、ショック状態、意識障害と、これらに準ずる重篤な状態をいいます。終末期の段階にあるなど、利用者の状況によっては急変ではなく死に向かう自然の経過として心停止などが見られ、それがいつ頃起こりそうかはある程度予測がつきます。そのような場合については後述します。

医療機関であれば、医療職による専門的な救命処置が行われますが、**利用者の自宅や介護施設では医療職でなくてもできる初歩的な救命処置や応急処置を行います**。

 ## まず反応を確認し、応援を呼ぶ

急変に遭遇したときにまず行うべきことは、急変した利用者の反応を確認することです。名前を呼んだり、体に刺激を与えても反応がなければすぐに応援を呼び、119番通報とAEDの手配を頼みましょう。このとき、1人ですべて対処しようとしてはいけません。119番に通報する人、AEDを探す人など、役割を分担するとよいでしょう。その上で、気道の確保と呼吸の確認を行います。いつも通りの呼吸をしている場合は回復体位（21ページ）にし、呼吸をしていない場合や異常な呼吸の場合には、胸骨圧迫（17ページ）を行いながらAEDの到着を待ちます。

AEDの電源を入れ、電極パッドを装着したら心電図の解析が始まるので、AEDの音声指示に従って行動し、救急車の到着を待ちましょう。

救命処置を行っている間に、利用者の名前を呼び、声かけを続けることを忘れてはいけません。また、救命処置、バイタルサインのチェック、他の利用者への対応など、スタッフが協力して事にあたることが大切です。

救命処置の基本的な流れ

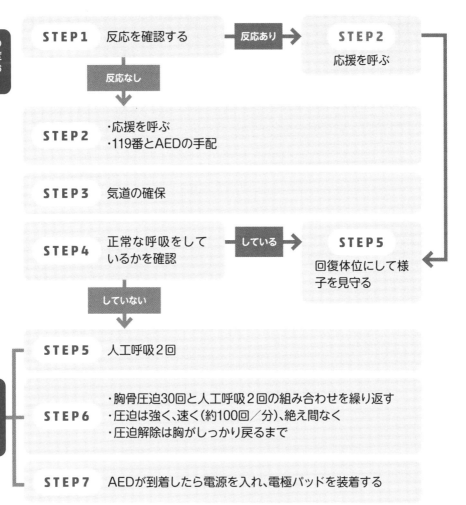

救命処置の
講習を一度
は受けてお
きましょう

STEP1 反応を確認する

反応あり

STEP2

応援を呼ぶ

反応なし

STEP2
・応援を呼ぶ
・119番とAEDの手配

STEP3 気道の確保

STEP4 正常な呼吸をして
いるかを確認

している

STEP5

回復体位にして様
子を見守る

していない

STEP5 人工呼吸2回

利用者の状態
の変化を観察
し、救急隊に状
況を伝えられる
ようにします

STEP6
・胸骨圧迫30回と人工呼吸2回の組み合わせを繰り返す
・圧迫は強く、速く(約100回／分)、絶え間なく
・圧迫解除は胸がしっかり戻るまで

STEP7 AEDが到着したら電源を入れ、電極パッドを装着する

STEP9

電気ショック1回。
その後、ただちに胸骨圧
迫と人工呼吸を再開(5
サイクル、2分間)

STEP8

必要あり

心電図の解析。電気
ショックは必要か？

必要なし

STEP9

ただちに胸骨圧
迫と人工呼吸を
再開(5サイクル、
2分間)

適切な呼びかけを行う

反応の確認と意識レベルのチェック

名前を呼び、呼吸があれば意識レベルをチェック

　反応の有無を確認し、意識レベルをチェックするために、まずは名前を呼び、肩などを叩いて反応を確認しましょう。体の片側に麻痺がある場合も考えられるので、両肩と両頬を叩きます。名前がわからなければ、「もしもし」「どうしました」などと簡単な言葉を耳元ではっきりと呼びかけます。**何の反応もなく呼吸も止まっている場合は、すぐに心臓マッサージを行い、救急車を呼びます。**

　上記の刺激に対して返事をする、うなずく、目を開けるなど何らかの返答をしたり、答えようとする仕草があれば、「反応あり」と判断します。反応が見られない場合でも、左右の手を軽く握り、「聞こえていたら手を握ってください」というと、握り返せることがあります。呼吸はしっかりあるものの反応がない場合は、右ページのように軽い痛み刺激を与えて意識レベルをチェックします。

利用者の不安をやわらげるような声かけも

　反応がある場合は、続けて「どうしました」と訴えを聞きましょう。何かを訴えようとしても、ろれつが回らないなどの理由でできないこともあります。そのようなときは、「痛いところはありますか」「吐きそうな感じがしますか」など、はい・いいえで答えられる質問をして確認し、どこか痛いところがあれば、指で指し示すように促しましょう。

　このような状況のとき、利用者は「このまま死ぬのではないか」と不安になりがちです。**「今、救急車（先生）を呼びますからね。大丈夫ですよ」などと、利用者を安心させるような声かけをすることも忘れないようにしましょう。**

肩や頬を叩いて確認する

意識がないということは、緊急的で重篤な状態といえます。単に眠っているだけなのか、あるいは意識を失っているのかを判別するために、**肩を叩きながら名前を呼び、反応を確認しましょう。**

意識レベルチェックのための軽い痛み刺激の与え方

一見まったく反応がないようでも、痛みに対して払いのけるような仕草をしたり、顔をしかめるなどの反応が見られることもあります。痛み刺激の与え方はいろいろですが、**胸骨を指の関節で押したり、手の甲を軽くつねる方法が一般的です。**

胸骨への刺激

まずはコレ！
痛み刺激への
反応を見る

払いのける運動をすれば、意識レベル100、手足を動かしたり顔をしかめれば意識レベル200、まったく反応しなければ意識レベル300となります（44ページ参照）。

ココを押さえる！

反応の様子や意識レベルについて、救急隊や医療専門職に正しく伝えることができると、適切な診断や治療に結びつきます。

3
基本

気道の確保と胸骨圧迫の行い方

呼吸の確認と気道の確保

まず、利用者が普段通りの呼吸をしているかを確認します。**10秒以内で、利用者の胸が上下に動くか、利用者に顔を近づけ、頬で息を感じるか**を調べます。息や呼吸音を確認できなければ、呼吸をしていないと判断します。

呼吸が止まり、脳への酸素の供給が3分間途絶えると、重い後遺症が残る可能性があるため、気道の通りをよくする必要があります。それが気道の確保です。

気道を確保するいちばん簡単な方法は、利用者を仰向けにして衣服をゆるめ、あごを上げることです。片手をひたいに当て、もう一方の手の人差し指と中指をそろえてあごを上げます。このような状態にすることで、気道はまっすぐになり、空気が通りやすくなります。

胸骨圧迫は講習で練習しておくと安心

胸骨圧迫は、左右の乳頭を結ぶ線の胸骨上を繰り返しリズミカルに圧迫することで、心臓を圧迫して全身に血液を送り届けるための処置です。両手を重ね、強く、速く、絶え間なく圧迫するのが効果的な胸骨圧迫のコツです。両手の指を互いに組むと、より力が集中しますが、高齢者の場合は、**骨粗鬆症のために骨がもろくなっていることもあるので、ある程度加減も必要です。**年に1回は、施設で専門家による講習を行うとよいでしょう。

人工呼吸は省略してもよいですが、行う場合は、胸骨圧迫を30回実施後、人工呼吸2回実施のサイクルで実施します。人工呼吸は、感染防止用シートや人工呼吸マスクを使用して行いましょう。

気道の確保

　片手をひたいに当て、もう一方の手の人差し指と中指をそろえてあごを持ち上げる「頭部後屈あご先挙上法」を行いましょう。このとき、**ひたいに当てた手は離さず、頭の角度を維持すること**がコツです。1人で救命処置を行うときは、肩の下に丸めたバスタオルなどを敷いて、頭の角度を維持しましょう。

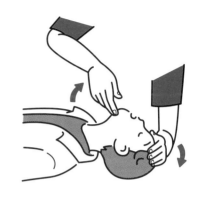

胸骨圧迫

　左右の乳頭を結んだ線の胸骨上に、手をイラストのように組んで当てると、効率よく力を入れることができます。

　利用者の様子を確認しながら、**胸が4～5cm程度沈むくらいの強さで、垂直に圧迫**します。**1分間に100回の圧迫が目安**です。

　胸骨圧迫を行っている間に、利用者がうめき声を出すなど意識を回復し、呼吸が戻った場合はそこで中止します。

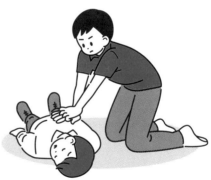

ココを押さえる！

気道の確保や胸骨圧迫は、経験がないと誰でも戸惑ってしまうもの。迅速に実施できるように、定期的に講習に参加することが重要です。

適切な
AEDの使い方

呼吸停止やあえぎ呼吸のときは迷わずAEDを使用

　心臓がけいれんを起こしてポンプ機能を失ってしまった場合に、心臓に電気ショックを与えると正常なリズムを取り戻せることがあります。その電気ショックを与える医療機器がAED（Automated External Defibrillator）です。日本語では「自動体外式除細動器」といいます。

　呼吸が止まっているときや、あえぎ呼吸（心停止の直前に見られる呼吸で、しゃくりあげるような様子が特徴）が見られるときは、迷わずAEDを装着しましょう。AEDをケースから出してふたを開け、電源ボタンを押すと、あとはAEDが電極パッドの貼り方から電気ショックが必要かどうかまで、すべて音声で教えてくれます。

　AEDは、心電図を調べて、電気ショックの必要性を診断します。したがって、心停止していない人に電気ショックを行うことはありません。心肺蘇生をしても反応がなく、呼吸もしていないときは、積極的にAEDを使用しましょう。

救命処置は時間との勝負

　利用者が倒れ、意識を失ってしまった場合、その原因が心停止や心臓のけいれんなのか、それとも失神やてんかん発作、あるいは脳卒中なのかを即座に判断することは困難です。AEDを使う必要があるのかと迷うこともあるかもしれませんが、もし結果的に電気ショックが必要なかったとしても、心臓が正常に動いていることがわかればAEDを使った意味は十分にあります。

　電気ショックを行った場合の成功率は、1分遅れるごとに約7〜10%低下するともいわれ、まさに時間との勝負です。

AEDの使い方の手順

STEP1 AEDをケースから出し、利用者の頭の横に置く

STEP2 ふたを開けて電源を入れる(ふたを開けると自動的に電源が入る機種もある)

STEP3 音声をよく聞き、イラストに従って必ず肌に直接電極パッドを貼る

体の水分や汗はタオルで拭き取る。ネックレスなどの貴金属類は外し、ペースメーカーをしているときは、その部位を避けて貼る

STEP4 AEDが患者の体を解析。このとき、体に触れてはいけない

STEP5 音声指示に従いショックボタンを押すと自動的に充電する。充電完了の合図があったら、誰も利用者に触れていないことを確認してショックボタンを押す

STEP6 救急隊が到着したら救命処置の内容とAEDによる電気ショックの回数などを伝えましょう

胸骨圧迫の必要がなくなったとしても、再度心停止が起きる可能性がある。
電気パットは貼ったままにして、AEDの電源も切らない

適切な体位で状態の悪化を防ぐ
回復体位と
ショック体位

嘔吐の危険があるときなどは「回復体位」に

呼吸停止やあえぎ呼吸の場合は、すぐ仰向けにして頭部後屈あご先挙上法（17ページ）で気道を確保します。

いつも通り呼吸しているけれども意識がない（反応がない）という場合も、**基本的には頭部後屈あご先挙上法でよいのですが、嘔吐の危険があるときや、やむをえず急変した利用者のそばを離れるときは、「回復体位」**にします。

回復体位は、左右どちら側を下にしてもかまいませんが、片麻痺がある人などは麻痺側を上にします。

「ショック体位」と「セミファウラー位」も覚えておく

顔面蒼白でショック状態（74ページ）が疑われる場合は、頭を低くして足を15〜30cm高くする「ショック体位」にします。足を高くすることで静脈の血液が心臓に戻りやすくなり、血圧が上がる効果が期待できます。ただし、あまり長時間ショック体位を続けることは避けましょう。

呼吸が苦しそうな場合は「セミファウラー位」にします。セミファウラー位は、上半身を15〜30度起こした体位です。セミファウラー位にすると、横隔膜が下がって肺が広がる面積が大きくなったり、肺の血管にたまった血液が流れやすくなったりします。このとき、ひざの下に枕などを入れることで、関節にかかる負担を減らし、より安定した姿勢をとることができます。

急変した利用者の状態に応じて体位を選び、状態が変化したらその都度適切な体位にすることが大切です。

回復体位とショック体位

回復体位

頭を少し反らせて気道を確保します。嘔吐しても窒息しないように口は床に向け、顔を手の甲に乗せて安定させましょう。上側のひざは90度程度に曲げ、うつ伏せ気味にして体全体を安定させます。

ショック体位

枕は当てずに、足を15〜30cm挙上させて、仰向けに寝かせます。脳血流が悪くなるので、ベッドを使うときはギャッチアップさせないようにしましょう。

セミファウラー位

上体を15〜30度起こして仰向けに寝かせます。ひざの下に枕やクッションを入れてもよいです。

15〜30°

ココを押さえる！

意識のない人を仰向けにしたままでそばを離れてはいけません。そばを離れるときは、嘔吐の危険を考えて、必ず回復体位にしましょう。

むやみに救急車を呼ぶのはNG

救急車を呼ぶ・呼ばないの判断

🔖 予期しない急変で迅速な治療が必要な場合に呼ぶ

　救急車を呼ぶか呼ばないかの判断は難しいですが、むやみに救急車を呼ぶことは避けなければなりません。延命治療を望まないという意思を本人や家族が示した上で、主治医から看取りまでの見通しがきちんと説明されており、状態の変化がその範囲内であるなら、家族を呼ぶなどあらかじめ決めてある手順に従って行動しましょう。

　一方、予期しない急変の場合は救急車を呼ぶことも考えます。とくに、**さっきまで元気にしていた人が急に意識を失う、呼吸が止まる、過去に経験したことのない強い痛みを訴える、体の一部が動かしにくくなるといった場合は、迅速な治療が必要となります。**

🔖 「＃7119 救急安心センター」の利用も

　救急車を呼ぶべきかどうか判断に迷った場合は、主治医に連絡して指示を受けることが望ましいですが、施設では難しいこともあります。そのようなときは、**国が普及を進めている「＃7119 救急安心センター」に電話し、医師や看護師などに相談するとよいでしょう。**救急車を呼ぶべきかアドバイスしてくれます。電話をかけると、オペレーターや自動音声によって応答があります。救急電話相談と医療機関案内の二つが提示されるので、救急電話相談を選択してください。

　救急車や救命救急センター、救急病院などは、救命を目的とした医療を行うために存在します。最近は、救急車を呼んだにもかかわらず救命処置を拒否する家族への対応に苦慮する事例も増えています。適正な救急医療の利用のためには、急変時の対応マニュアルを施設で作成し、しっかり共有しておくことが欠かせません。

むやみに救急車を呼ばないための対策

救急車を呼ぶか迷ったら？

- 施設にいるとき→急変時の対応マニュアルに従う(37ページ参照)
- 在宅の場合→「救急安心センター(#7119)」に電話し、医師や看護師に相談する

救急安心センター(#7119)とは？

- 病院に行くべき？
- 救急車を呼ぶべき？
- 応急手当はどうする？

→ 急変時の判断に迷ったときに、医師や看護師、相談員に相談し、適確なアドバイスをもらえる窓口

専用回線#7119に電話をかける

導入されていない自治体や、違う番号が用意されていることもある

- 医師・看護師・相談員が相談に対応(原則、24時間365日体制)
  - ・病気やけがの症状を把握
  - ・緊急性、応急手当の方法、受診手段、適切な医療機関などについて助言
- 相談内容に緊急性があった場合、ただちに救急車を出動させる体制を構築

緊急性の高い場合

緊急性の低い場合

迅速な救急車の出動

適切な医療機関への案内

迅速に救急車を呼ぶ

119番通報を手際よくするための工夫を

　いざ救急車を呼ぼうというときに、伝えるべきことをきちんと整理しておかないと、無駄な時間がかかるばかりでなく、大切なことが伝わりません。

　市外局番はダイヤル不要なので、通報するときは「119」だけでよいです。119番通報をすると、消防指令センターの指令員から右ページの順で質問されます。必要事項をメモした上で電話をするようにしましょう。いつもならスムーズに答えられることも、あわてていると出てこないので、119番通報用のシートを作成しておくのもひとつの手段です。**119番通報用のシートには、救急車を要請するときに必要な情報（40ページ参照）を盛り込んでおくと安心**です。利用者の情報や通報する人の情報、救急車に来てもらう住所など「5W1H」を基本に整理しておきましょう。

到着までにすること、救急隊に伝えることとは

　救急車が到着するまでの所要時間は全国平均で9.4分、搬送する病院が決まっていない場合、実際に病院に収容するまでの所要時間は全国平均42.8分です（総務省『令和4年版 救急・救助の現況』）。呼吸停止している場合は、救急隊が到着して交代してくれるまで胸骨圧迫を続けます。また、到着までに保険証や診察券、お金、普段飲んでいる薬などをそろえておきましょう。救急受診後の帰宅に備えて、上着や履物を忘れずに持参します。

　救急隊が到着したら、改めて急変の状況や到着するまでに行った救命処置、バイタルサインの値や利用者の様子の変化などを伝えましょう。かかりつけの病院や診療所についても聞かれます。

救急車の呼び方

 119番に電話

 指令員
「119番、火事ですか、救急ですか」

「救急です」 通報側

 指令員
「住所はどこですか」

「●●市●丁目●番地。□□苑です」 通報側

 指令員
「どうしましたか」

「利用者が意識を失って倒れました」 通報側

誰が、どのようにして、どうなったかを簡潔に伝える。
呼吸の有無や意識レベルもできるだけ伝える

 指令員
「おいくつの方ですか」

「●歳の女性です」 通報側

70代、80代など、だいたいの年齢でもOK。性別も聞かれる

 指令員
「あなたの名前と連絡先を教えてください」

「□□苑の△△です。□□苑の電話番号は000-000-0000です」 通報側

※場合によっては、さらに詳しい状況や、かかりつけの病院なども聞かれることがあります。

生命の兆候を数値で表す

バイタルサイン からわかること

命の危険が迫っているかが客観的にわかるバイタルサイン

バイタルサインとは、主に呼吸、脈拍、血圧、体温の4つを指しますが、意識状態 SpO_2（経皮的動脈血酸素飽和度：血液中にどの程度酸素が含まれているかを示す値）、尿量を含むこともあります。これらは、人間が生きていることを示す徴候です。

どれかひとつでも極端に数値が下がれば命の危険があり、多くの場合はほかのバイタルサインも連動して悪化します。

急変時に真っ先に確認するのは呼吸です。**呼吸の回数と呼吸パターン（いつも通りの呼吸か、あえぎ呼吸など異常な呼吸か）を確認しましょう。**呼吸が止まる、あるいは異常な呼吸の場合は心臓も正常に機能していないことが多く、心停止後3分、呼吸停止後10分で50%の人が死亡するといわれています。

適切な救命処置に結びつけるために必須

呼吸が止まったように見えても、適切に気道の確保（17ページ）を行うことによって気道が開通し、呼吸が戻ることもあります。気道を確保して5～10秒たっても呼吸がないときや、あえぎ呼吸が見られたときは、呼吸停止と判断して胸骨圧迫（17ページ）を開始します。

可能なら、呼吸状態の確認と同時に脈拍測定も行いますが、難しければ無理をせず、応援に来たスタッフに脈拍と血圧を測ってもらいましょう。

SpO_2を測定するパルスオキシメーターがあれば、それも装着します。

バイタルサインの基準値と、その人の日頃のバイタルサイン値を把握しておくことで、異常値かどうかや異常の程度を知ることができます。

バイタルサインの基準

項目	基準値	測定のポイント	わかること
呼吸	12〜18回／分	回数だけでなく、呼吸パターンも確認する	呼吸機能が低下し、体内に酸素が取り込めない
脈拍	60〜85回／分	規則正しいかどうかも確認する	心臓機能が低下し、血液が巡らない（体に酸素が不足する）
血圧	130／80mmHg	脈拍が弱かったり、血圧が極端に高いもしくは低い場合は、自動血圧計で測れないこともある	
体温	36.5±0.5℃	施設や在宅の場合はわきの下で測定する	心臓機能の低下による全身の循環不全など
SpO₂	正常値96%以上	指の爪床面にセンサーがきちんと当たるように装着する	95%以下の場合は、肺機能が低下している可能性がある

呼吸状態を確認するときのポイント

まずはコレ！
傷病者の呼吸を見て・聞いて・感じる

判断のポイントは、普段通りの呼吸があるかどうかです。気道を確保した状態から、傷病者に耳を近づけて、胸の動きを確認してください。

＼やったら／ NG

・症状が軽そうなので様子をみる
治療が遅れて、重大な後遺症が残る可能性がある

・傷病者の口元に顔を近づける
極端に顔を近づけると、新型コロナウイルスなどの感染症にかかるリスクがある

ココを押さえる！

バイタルサインは文字通り体からの生命のサイン。様子がおかしいと思ったらバイタルサインを測定する習慣をつけましょう。

統一のルールを実践

夜間の急変への対応

パニックになりそうなときはまず深呼吸

　スタッフの少ない夜間の急変は、日中よりもさらに心身の負担が大きいものです。夜間は1人あるいは2人体制という施設も多いでしょう。**予期しない急変の場合はパニックになってしまうかもしれませんが、そのようなときは一度深呼吸をしましょう。**そうするだけで気持ちはかなり落ち着きます。

　急変した利用者の名前を呼んで反応と呼吸の有無を確かめるなどした後に、1人体制の場合は、いったんそばを離れなければならないこともあります。意識がない場合は回復体位にして、救急車を呼ぶなどしましょう。その後、利用者のもとに戻って胸骨圧迫などの救命処置をしながら救急車の到着を待ちます。

マニュアルに従って行動する

　看取りのときが近づいている利用者については、日勤者から引き継ぐときに詳しく状態を聞き、もしものときにどう動くかをシミュレーションしておきます。物品の位置やAEDがある場所など最低限のことは、余裕があるときに把握しておき、1人でも準備できるようにしておきましょう。心配なときは、上司や自分よりも経験のあるスタッフにアドバイスをもらっておきましょう。シミュレーション通りにいかないこともよくありますが、心の準備をしておくと、何もしていないよりはずっと適切な対応ができるはずです。

　少しでも円滑に対応するには、**施設統一のルールをつくり、マニュアル化しておくことが有効です。**マニュアルには連絡系統図もしっかり明記しておき、マニュアルに従って行動することにより、見逃しや過失を防ぐことができます。

予期しない夜間の急変があったら

STEP1 利用者の急変を発見

STEP2 名前を呼びかけ、反応を確認する

STEP3 呼吸の有無、あえぎ呼吸などの異常な呼吸を確認

STEP4 反応がない、呼吸が止まっている　　　複数人体制の場合は応援を呼ぶ
という場合は回復体位にする

STEP5 事務室に行って救急車を呼ぶ

STEP6 AEDを持って利用者のもとに戻り、AEDを装着。音声指示に
従う。名前を呼ぶなど声かけを続ける

急変対応に不安なときはどうする？

対応の手順を決めた上で、看護師などの医療専
門職に教えてもらう講習会を実施しましょう。日
頃から準備を行うことが大切です。

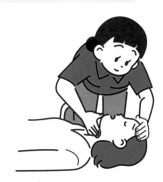

ココを押さえる！

1人のときに急変に遭遇すれば誰でもあせります。マ
ニュアルがあれば日頃からシミュレーションすること
もでき、より適切な対応が可能になります。

本人の意思を尊重する

人生最期の治療を決める ACPと「事前要望書」

その人らしく生ききるための会議

年齢を重ねていくにつれて、わたしたちの体や認知機能は徐々に衰えていきます。そうした変化に備え、利用者の家族や大切な人と医療介護従事者が一緒に人生観や価値観、希望に沿った医療やケアなどを話し合う会議を「アドバンス・ケア・プランニング」（ACP）といいます。

認知機能の低下に限らず、病気や事故、災害というものは突然やってきます。もし、急な病気や事故に遭遇したとしても、**その人らしく穏やかに生ききるために、利用者や家族の大切にしていることや、受けたい医療ケア、そして利用者が終末期をどこで過ごしたいのかを考えて、それを周囲の人や医療者に伝えておきます。**

何度も話し合いを重ねることが大切

健康なとき、もしくは病気にかかったとき、また病気から立ち直ったとき、大きな病気を経て戻ったときなど、その時々の状況に応じて、人の気持ちは変化するものです。**症状や時間の経過とともに、利用者や家族の気持ちが変化することがあるので、定期的に集まり話し合いの場を設けましょう。**

利用者が話せなくなる状況になる前に、治療方針などを決めておくのが一番よいですが、病態が悪化したなどの理由でそれが叶わない場合もあります。そうしたときは、「その人だったらどのように考えるだろう？」「その人はこうしたいと望むのではないかな」といった具合に、利用者の推測意思を家族が伝えることになります。医療関係者や介護士は、利用者の一番近くにいて、その人を大切にしている人が望むかたちを知る必要があります。

フローチャート： 人生の最終段階における医療とケアの話し合い

STEP1
十分な情報を提供しあう

利用者の意思が確認できない

利用者の意思が確認できる

・家族が利用者の意思を推定できない
・家族がいない

家族が利用者の意思を推定できる

STEP2
利用者にとって最善の治療方針を医療・ケアチームで慎重に判断

STEP2
利用者の推定意思を尊重し、利用者にとって最善の治療方針をとる

STEP2
利用者と医療・ケアチームが十分に話し合い、利用者が意思決定を行う

気持ちは状況に応じて変わるため、繰り返し何度も話し合うことが大切

STEP3
人生の最終段階における医療とケアの方針を決定

STEP3
人生の最終段階における医療とケアの方針を決定

終末期の話を切り出しにくいときはどうする❓

衰えていくことは考えたくないかもしれませんが、やがて訪れる死を避けることはできません。利用者がよりよく生きるためにも、どのように最期を過ごしたいと思っているのかを話し合う場を設けることが大切です。

人生の節目で繰り返し話し合いをしましょう

31

誠実さをもって利用者と向き合う

　終末期のケアや医療において、ヘルパーやケアマネジャーなどが活躍する場面は多岐にわたります。

　たとえば、利用者のもとを訪れるヘルパーに対して、自身の気持ちを吐露するケースは少なくありません。「私、死にたくないんだけど、どうしたらいい？」とヘルパーに泣きつくこともあります。このように打ちあけられたら、「そんなこと言われても、わたしにはどうすることもできない」と思うかもしれません。もちろん、利用者も打ちあけたからといって解決できるわけではないことはわかっているはずです。つまり、利用者から心のうちを明かしてもらえることは、「あなたに話を聴いてほしい」という気持ちの現れであり、信頼されている証しともいえるのです。

　まずは、利用者の気持ちを最後まで聴きましょう。もし何か答えなければいけないという差し迫った状況であれば、誠実に自分のもっている言葉を選ばず自信をもって伝えます。そのときに一番大事なことは、誠実さをもって向き合うことです。「いや、そんなことないですよ。きっと大丈夫ですよ」などと**安易な言葉で励ますのではなく、そのときの気持ちを自分なりに誠実に伝えます。**

事前要望書の使い方

　回復の見込みがない状態になり、自らの意思を伝えられなくなったときのために、自分の受ける治療行為についての希望を文章化しておくものを「事前要望書」といいます。本人の意識がない場合や、判断力がないとされる場合などには、本人の意思を最もよく理解している代理者（利用者の意思を推定することが可能な家族など）と医療・ケアチームが、病状経過や人道的、倫理的な面から利用者にとって最善の治療方針を話し合い、その内容を文書に残します。

　ただし、文書に残したからすべて完了というわけではなく、利用者やその家族と、どこまで治療を行うかについて、話し合いを重ねることは欠かせません。**「どのように生ききりたいか」「どのように医療ケアを受けたいか」**を示すひとつのツールとして活用するとよいでしょう。

重症時・急変時の治療方針確認書

＿＿＿＿＿＿＿＿＿ 様 （　　　）歳

重症時（呼吸機能低下時）

	年　　月　　日	年　　月　　日	年　　月　　日
人工呼吸※を	行う・行わない	行う・行わない	行う・行わない
転院を含め救命センター等での治療を希望	する・しない	する・しない	する・しない
ご本人			
ご家族署名			
ご関係			
代理人署名			

急変時（心肺停止状態、停止しそうな状態）

	年　　月　　日	年　　月　　日	年　　月　　日
心臓マッサージ・人工呼吸※・電気ショック・薬剤投与など生命維持のための最大限の治療を希望	する・しない	する・しない	する・しない
ご本人			
ご家族署名			
ご関係			
代理人署名			

※薬で鎮静させ、自発呼吸を止め気管チューブを口から気管まで挿入（気管内挿管）し、人工呼吸器につなぐことをいいます。人工呼吸を開始すると、呼吸状態が改善するまで中止することは困難です。体力のない人は、自発呼吸が弱くなり中止することが難しくなる場合が考えられます。

主治医（説明医）：＿＿＿＿＿＿＿＿＿＿＿＿

出所：公益社団法人全日本病院協会「【書類C】重症時・急変時の治療方針確認書」より編集部作成

多職種との連携と協働を図る

地域包括ケアシステムの実現

 ## 個々の尊厳を守り、生活の自立を助ける

　団塊の世代が75歳以上になる2025年に高齢者の人口はピークを迎え、約3653万人になると予測されています。1年間に亡くなる人の数も、2015年の約129万人から2025年には約152万人になると見込まれ、病院だけでは間に合わないため、自宅や施設で最期を迎える人が大幅に増えます。また、**2025年には認知症の人が700万人になるともいわれ、日本は世界に類を見ない超高齢社会になるのです。**

　高齢者の尊厳を守り、自立した生活ができるように、そして可能な限り住み慣れた地域でその人らしく暮らし続けられるように——という理念で考えられたのが「地域包括ケアシステム」です。支援やサービスを包括的に提供し、理念を実現しようというわけです。

 ## 「共生」する社会を皆の力を合わせてつくる

　地域包括ケアシステムは、高齢者や障害のある人だけのものではありません。**健康な人も含めたあらゆる人が「共生」する社会をつくり上げることが最終目的です。**そのためには、まず介護・福祉と医療がしっかり連携のネットワークをつくり、こぼれ落ちる人が出ないように必要なケアを提供する必要があります。

　各地域包括支援センターが担当する日常生活圏域で構築することが、地域包括ケアシステムの原則です。つまり、介護・福祉と医療だけではなく、地域の企業や商店、学校、そして住民一人ひとりが参加してつながり、皆が安心して住める「まちづくり」をしていくということです。また、全国5400か所以上に高齢者の相談や介護予防の援助を目的とした地域包括支援センターが設置されています。

地域包括ケアシステムとはどんなもの？

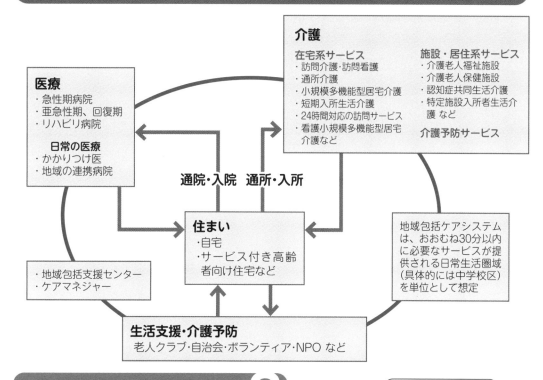

介護

在宅系サービス
・訪問介護・訪問看護
・通所介護
・小規模多機能型居宅介護
・短期入所生活介護
・24時間対応の訪問サービス
・看護小規模多機能型居宅介護 など

施設・居住系サービス
・介護老人福祉施設
・介護老人保健施設
・認知症共同生活介護
・特定施設入所者生活介護 など

介護予防サービス

医療
・急性期病院
・亜急性期、回復期
・リハビリ病院

日常の医療
・かかりつけ医
・地域の連携病院

通院・入院　通所・入所

住まい
・自宅
・サービス付き高齢者向け住宅など

・地域包括支援センター
・ケアマネジャー

地域包括ケアシステムは、おおむね30分以内に必要なサービスが提供される日常生活圏域（具体的には中学校区）を単位として想定

生活支援・介護予防
老人クラブ・自治会・ボランティア・NPO など

取組事例はどのようなものがある？

埼玉県川越市では、認知症支援対策を推進しています。地域包括支援センターが認知症家族介護教室を開催するなど、認知症の人やその家族へ継続した支援を行っています。

住み慣れた場所で暮らせるように皆で支えます

ココを押さえる！

介護や医療の問題は時代や地域により変わります。柔軟に対応するためには、多職種が信頼関係で結ばれたチームとなり、連携・協働することが欠かせません。

手順を明文化しておく
急変時対応
マニュアルの作成

急変時対応マニュアルは施設に必須

　介護スタッフにとって、最も心配なことのひとつが急変時の対応です。場合によってはスタッフの心に深い傷を残し、利用者や家族との信頼関係にも悪影響を及ぼしますが、よい対応ができればスタッフの自信やモチベーションを向上させ、施設の信頼を高めることもできます。

　マニュアルがあり、すべきことがわかっているだけで不安は小さくなります。医療専門職を講師に勉強会を開いて訓練も行えば、皆が安心して職務にあたれます。滅多に使うことがなくても、定期的に勉強会や講習会を行って繰り返し訓練しておくことで、とっさのときに使える技術になります。

医療専門職を交え、実用的なものをつくる

　マニュアルは、連携している医療機関の医師や看護師、施設の看護師など、関係する多職種が協力してつくり上げることが大切です。介護職だけでつくっても、**連携する医師などに理解してもらえなければ実用は難しいので、必ず関係する医療専門職を交えましょう。**できればワーキンググループを結成し、期限を決めてつくります。だいたいの形ができたらスタッフに公開して意見を聞き、修正してまた意見をもらうということを何回か繰り返すことで、皆にとって使いやすいものができていきます。実際にしばらく使ってみて、不具合があれば改訂し、よりよいものに仕上げていきます。

　日勤用と夜勤用、さらには休日用と、状況に応じたものをそろえましょう。

　救急隊連絡シート（40ページ）には、生年月日やかかりつけ医療機関など、はじめからわかっているものは記入しておくと、迅速な対応につなげることができます。

急変時対応マニュアルの例(日勤用)

ダウンロード対応

❶ 利用者の急変発見

看護職員がいない	看護職員がいる

看護職員がいない

❷ 主治医(123-456-1111)に連絡

➡急変時報告シート
(146ページ)

❸ 主治医の指示を受ける
受診可能な医療機関に連絡
▲▲病院:123-456-2222
■■病院:123-456-3333

❹ 急変時報告シートをケース
ファイルに綴じる

看護職員がいる

❷ 看護職員に発見時の状況、
呼吸の有無や反応の有無を
報告

❸ 看護職員の指示に従う

・主治医に連絡:
123-456-1111

・受け入れ可能病院に連絡
▲▲病院:123-456-2222
■■病院:123-456-3333

・119番通報

➡救急隊連絡シート
(40ページ)

❹ 急変時報告シートに記録し
救急隊連絡シートとともに
ケースファイルに綴じる

先生や病院の電話番号を表記し、すぐに対応できるようにしておこう!

急変時対応マニュアルの例（当直用）

❶ 利用者の急変発見

❷ 症状を確認
呼吸停止、意識がない（反応がない）、しびれ、強いめまい、ろれつが回らない、けいれん、不整脈、チアノーゼ、ショック状態、呼吸苦、急な嘔吐、激しい頭痛、激しい胸痛、激しい腹痛、激しい背部痛、大出血（吐血、下血を含む）、頭部打撲や転倒後の強い痛み

症状があてはまる	症状があてはまらない

❸ 119番通報 ➡救急隊連絡シート（40ページ）

❹ 救急隊が到着したら提携病院に連絡（救急隊が判断し、連絡・搬送）
▲▲病院の夜間外来：123-456-2222
■■病院の夜間外来：123-456-3333

❺ 搬送先には職員1人が付き添う
持っていくもの
保険証、診察券、ケースファイル、看護記録、救急隊連絡シート、普段飲んでいる薬、お薬手帳、お金、連絡用携帯電話、履物、眼鏡

❻ 急変時報告シート記録
（救急隊連絡シートとともにケースファイルに綴じる）

❼ 報告
（施設長、看護師、主治医など）

❸ 看護職員（123-456-4444）、または当番者（123-456-5555）に連絡 ➡急変時報告シート（146ページ）

❹ 指示に従って行動
受診可能な医療機関
▲▲病院の夜間外来：123-456-2222
■■病院の夜間外来：123-456-3333

❺ 症状などを継続的に確認
途中で状態が悪化した場合は、看護職員または当番者に再度連絡

❻ 急変時報告シートをケースファイルに綴じる

入院に必要なもの

洗面用具、湯飲み、吸い飲み、タオル、ティッシュペーパー、着替え、下着、オムツ1週間分、ごみ袋、眼鏡、入れ歯 など

※対応が異なる症状の場合や、病院の電話番号などを記入しておきましょう
※夜間と休日はそれぞれ別に書面を用意し、貼っておくなどしましょう

急変時対応マニュアルの例（休日用）

ダウンロード対応

❶ 利用者の急変発見

❷ 症状を確認
呼吸停止、意識がない(反応がない)、しびれ、強いめまい、ろれつが回らない、けいれん、不整脈、チアノーゼ、ショック状態、呼吸苦、急な嘔吐、激しい頭痛、激しい胸痛、激しい腹痛、激しい背部痛、大出血(吐血、下血を含む)、頭部打撲や転倒後の強い痛み

症状があてはまる	症状があてはまらない

❸ 119番通報 →救急隊連絡シート(40ページ)

❹ 救急隊が到着したら提携病院に連絡(救急隊が判断し、連絡・搬送)
　▲▲病院の休日救急外来：
　　　　　　　　123-456-2222
　■■病院の休日救急外来：
　　　　　　　　123-456-3333

❺ 搬送先には職員1人が付き添う
持っていくもの
保険証、診察券、ケースファイル、看護記録、救急隊連絡シート、普段飲んでいる薬、お薬手帳、お金、連絡用携帯電話、履物、眼鏡

❻ 急変時報告シート記録
(救急隊連絡シートとともにケースファイルに綴じる)

❼ 報告
(施設長、看護師、主治医など)

❸ 看護職員(123-456-4444)、または当番者(123-456-5555)に連絡 →急変時報告シート(40ページ)

❹ 指示に従って行動
受診可能な医療機関
　▲▲病院の休日救急外来：
　　　　　　　　123-456-2222
　■■病院の休日救急外来：
　　　　　　　　123-456-3333

❺ 症状などを継続的に確認
途中で状態が悪化した場合は、看護職員または当番者に再度連絡

❻ 急変時報告シートをケースファイルに綴じる

入院に必要なもの

洗面用具、湯飲み、吸い飲み、タオル、ティッシュペーパー、着替え、下着、オムツ1週間分、ごみ袋、眼鏡、入れ歯 など

※対応が異なる症状の場合や、病院の電話番号などを記入しておきましょう

救急隊連絡シート

119番通報時に伝えること

住所				
目印になる建物		電話番号		

●急変した利用者について

利用者名		生年月日と年齢	
呼吸	あり ・ なし	ありの場合の呼吸の状態	
冷や汗	あり ・ なし		
顔色	良い ・ 悪い		
会話	できる ・ できない		
症状			

> わかっている箇所はあらかじめ記入しておく

救急車到着までに用意しておくもの

□ 保険証と診察券
□ ケースファイル、看護記録、救急隊連絡シート
□ 普段飲んでいる薬とお薬手帳
□ お金、連絡用携帯電話、履物

救急隊が到着したら伝えること

●急変してから救急隊が到着するまでの様子やその変化
●実施した救急処置の内容、AED利用の有無
●急変した利用者の情報
（持病、かかりつけの病院や主治医の名前、普段飲んでいる薬、医師の指示）
●家族と連絡がついたか

> 病院から問われるため、確認されることが多い

年　　月　　日　記録者サイン＿＿＿＿＿＿＿＿＿＿＿＿＿＿＿＿＿

PART 2

症状別・即救急車を
呼ぶべき症状

さまざまな原因で起こり緊急を要する

意識障害

フローチャート： 意識を失っていたら

人を
呼ぶ

STEP1
呼吸を確認し、名前を呼んで反応を確かめる

呼吸なし

呼吸あり

STEP2
安全な場所へ移動する

STEP3
心肺蘇生・AEDを行い、救急車を
呼ぶ

※看取りの場合は主治医に状況を報告し、事前に決めたアクションプランに基づき、家族を呼ぶなどしましょう。

STEP2
安全な場所へ移動し、回復体位にする（倒れたときに頭を打っていないか注意する）

STEP3
意識レベルとバイタルサインをチェックする

STEP4
主治医に連絡・報告し、指示を受ける

フローチャート： 様子や反応がおかしかったら

STEP1
名前を呼び反応を確かめる

STEP2
顔の麻痺、腕の麻痺、
言葉の障害（ろれつが回らない、言葉が出てこない）をチェック

顔の麻痺、腕の麻痺、
言葉の障害がある

顔の麻痺、腕の麻痺、
言葉の障害はない

脳梗塞
の疑いあり！

STEP3
バイタルサインをチェックし、
回復体位で安静を保つ

STEP3
バイタルサインのチェック

STEP4
救急車を呼ぶ

STEP4
主治医に連絡・報告し、指示を
受ける
➡急変時報告シート（146ページ）

\やったら/
NG

・自分１人で対処しようとする
正しい判断や対処ができない可能性
も。必ず誰かがそばにいるようにする

・その人のそばを離れる
やむをえず離れる場合は、回復体位に
する

バイタルサインと意識
レベルを確認します

意識障害の原因として考えられる疾患

脳卒中（脳梗塞、脳内出血、くも膜下出血）／脳腫瘍／髄膜炎や脳炎／てんかん／低血糖／薬剤の影響（糖尿病薬、降圧薬など）／低酸素／アルコール中毒など

 ## 意識レベルのチェックに用いるジャパン・コーマ・スケール

　意識レベルを示す尺度として、日本ではジャパン・コーマ・スケール（JCS）が用いられています。3－3－9方式とも呼ばれ、**意識障害が重いほど数字が大きくなります**。

ジャパン・コーマ・スケール

Ⅲ 刺激しても覚醒しない	300	痛み刺激に反応しない
	200	痛み刺激で少し手足を動かしたり、顔をしかめる
	100	痛み刺激に対して、払いのけるような動作をする
Ⅱ 刺激すると覚醒する	30	痛み刺激を加えつつ、呼びかけるとかろうじて開眼
	20	大きな声や揺さぶりで開眼
	10	普通の呼びかけで開眼する
Ⅰ 刺激しなくても覚醒している	3	自分の名前、生年月日がいえない
	2	見当識障害がある
	1	ほぼ清明だが、いまひとつはっきりしない

※意識清明は「0」と表現します

痛み刺激の与え方	▶	**15**ページ
声のかけ方、反応の見方	▶	**15**ページ

一時的に気を失っていたが、意識が戻った場合

　一時的に気を失うことを「失神」といい、「突然起こる短時間の意識消失」と定義されます。原因は、脳の血流が一時的に減少すること（一過性脳虚血発作）や低血糖などです。一過性脳虚血発作（TIA）は、頸動脈や心臓でできた血栓（血のかたまり）が、脳の血管に詰まるなどして起こります。血栓が小さかったり、すぐに溶けてしまえば血流は戻り、意識も回復します。ただし、その後※**本格的な脳梗塞を起こすことが多いので、決して見過ごさず、主治医に報告して指示を受けましょう。**

※TIA発症後90日以内に脳梗塞を発症した人のうち、約半数はTIA発症後48時間以内に脳梗塞を発症したという報告があります。また、TIA発症後90日以内に脳卒中を発症するリスクは15～20%といわれています。

一過性脳虚血発作

☑ C h e c k L i s t

▶ **一過性脳虚血発作の症状**

□ 失神

□ 顔の麻痺、手足の麻痺、言葉の障害（ろれつが回らない、言葉が出てこない）

□ 片目が見えなくなる（見えにくくなる）

□ 症状の持続時間は5～10分程度。ほとんどは24時間以内に消える

▶ **バイタルサイン以外の症状もチェック**

□ けいれんの有無

□ 手足のしびれ、麻痺の有無

□ 嘔吐の有無

□ 失禁の有無

□ 冷や汗の有無や顔色、チアノーゼの有無

□ 目（眼球）の動きや瞳孔の状態

□ ろれつが回らない、言葉が出てこないなど言葉の障害の有無 ➡急変時報告シート（146ページ）

ベッド上で意識を失っていたら❓

ベッドを平らにし、枕ははずして、顔を横に向けます。心肺停止の場合は、心肺蘇生・AEDを行い、救急車を呼びましょう。

迅速に対応することが必要です

体の片側だけに急に起こると危険

しびれ

フローチャート： 急にしびれが出現したら

STEP1
顔のゆがみ・腕(手)や脚(足)の脱力・ろれつが回らない症状をチェック
➡49ページ「FAST」

3症状のうちひとつだけ
でも、体の片側にある

これらの症状はない

STEP2
しびれのある側を上にして、回復
体位で安静を保つ。症状が出現し
た時刻を記録

STEP2
●どこに、どんなしびれが起きて
いるか確認 ➡48ページ
●バイタルサインと、しびれ以外
の症状をチェック

STEP3
バイタルサインと、しびれ以外の
症状をチェック

STEP3
主治医に連絡・報告し、指示を受
ける ➡急変時報告シート(146ページ)

STEP4
救急車を呼ぶ

脳梗塞で最も多い症状は運動麻痺

　脳梗塞で最も起こりやすい症状は、**体の右半身あるいは左半身にだけ力が入らなくなる運動麻痺**です。次に多いのは、ろれつが回らなくなることや、言葉が出てこなかったり理解できなくなったりする言葉の症状で、脳梗塞の約半数に出現します。

☑ CheckList

▶ **覚えておきたい脳梗塞の症状**

□ 顔のゆがみ　　　　　　　　　　□ ろれつが回らない
□ 急に手足から力が抜ける　　　　□ 言葉が出ない、言葉を理解できない
□ 片足を引きずっている　　　　　□ 急なめまい
□ ものにつまづく　　　　　　　　□ ものが二重に見える
□ ふらついてまっすぐ歩けない　　□ 片側の目だけ、一時的にものが見えなくなる
□ 片側の手足だけがしびれる

 ## 脳梗塞の症状が短時間で消えたときは

　脳の血管が一時的に詰まったものの、血栓（血のかたまり）が小さくてすぐに溶けてしまうと、顔のゆがみ、手足の脱力、言葉の障害（ろれつが回らないなど）といった症状も短時間で消えます。このような症状を一過性脳虚血発作（TIA）といいます。**TIAは本格的な脳梗塞の前兆なので、決して放置してはいけません。**

\やったら/
NG

・**しびれのある側を下にして寝かせる**
しびれのある側は血流障害を起こしやすいので、圧迫してはいけない

・**無理に移動させる**
無理に動かすと、しびれの症状がひどくなる可能性がある

体のどの部分にしびれが起こっているかを見ます

しびれの原因として考えられる疾患

脳梗塞／脳出血／脊椎症／椎間板ヘルニア／手根管症候群／肘部管症候群など

どんなしびれ？

「しびれ」と一言でいっても、症状はいろいろです。どんなしびれか、体のどの部位にしびれが起こっているのか、症状の特徴とそこから疑われる疾患などを、必ず確認しましょう。

しびれが起こっている部位から考えられる疾患

しびれが起こっている部位	疾患
脳	脳梗塞、脳出血、脳腫瘍、多発性硬化症、脳炎、三叉神経痛、頭部外傷など
脊髄	脊椎症、椎間板ヘルニア、脊柱管狭窄症、後縦靭帯骨化症、脊髄梗塞、脊髄脳動静脈奇形、脊髄動静脈瘻、多発性硬化症、脊髄炎など
末梢神経	急性疾患(手根管症候群、肘部管症候群、橈骨神経麻痺、腓骨神経麻痺、足根管症候群、帯状疱疹)、慢性疾患(糖尿病、尿毒症、ビタミン欠乏、アルコール多飲、ギラン・バレー症候群、慢性炎症性脱髄性多発神経炎、アミロイドーシス、腫瘍、感染症)、中毒性(重金属、農薬、有機溶剤)、薬剤性(抗がん薬)など
その他	電解質異常、過換気症候群、下肢静止座不能症候群(むずむず脚症候群)など

症状の特徴から考えられる疾患

原因	症状の特徴	疑われる疾患の例
感覚の低下	触っても感覚が鈍い、冷たさや熱さを感じにくい、痛みを感じにくいなど	脳梗塞、脳出血、脊椎の病気など
神経障害による異常感覚	何もしなくてもジンジンする、ピリピリする、針で刺されたような感じ、焼け付くような感じなど	神経障害性疼痛(神経痛)など
運動麻痺による脱力	手足に力が入りにくい、動きが悪いなど	脳梗塞、脳出血、脊椎の病気など

「FAST」を覚えて、脳梗塞を含む脳卒中に対応!

　脳梗塞の場合、発症から4.5時間以内に、「経静脈血栓溶解療法（t-PA療法）」を行うことによって、約4割の患者さんは症状がほとんどなくなる程度まで回復します。

　経静脈血栓溶解療法とは、t-PAという薬剤を点滴する治療法です。

脳卒中かもと思ったらチェックする「FAST」

チェックポイント	症状、対応
Face：顔のゆがみ	顔の片側が下がる、笑顔をつくろうとしてもゆがむ
Arm：腕の脱力	片側に力が入らない、両腕を前に上げてキープできない（片側が下がる）
Speech：言葉の障害	ろれつが回らない、言葉が出てこない、短い文がいつも通りいえない
Time：発症時刻	症状に気づいたら、発症時刻を確認してすぐに119番！

F・A・Sのどれかひとつでもあてはまれば脳卒中の可能性大！

ココを押さえる！

 しびれは、脊柱管狭窄症や糖尿病性神経障害などの慢性疾患でも見られますが、脳梗塞や脳出血などが原因の危険なしびれを見逃さないようにしましょう。

重篤な病気の可能性大

激しい頭痛

フローチャート： 突然激しい頭痛を訴えたら

STEP1
名前を呼び、反応を確かめる

STEP2
安全な場所へ移動し、回復体位にする

STEP3
バイタルサインと、頭痛以外の症状をチェック ➡53ページ
意識がない場合は、意識レベルのチェック ➡44ページ

STEP4
救急車を呼ぶ

意識がない場合は
迷わず119番を！

突然頭痛が起こる危険な疾患

くも膜下出血／脳内出血／慢性硬膜下血腫／髄膜炎／脳炎

くも膜下出血の頭痛の特徴

くも膜下出血の頭痛の特徴は、今までに経験したことのない激しい頭痛が突然起こることです。「ハンマーで殴られたような痛み」と表現する人も多いようです。くも膜下出血は死亡率が高く、**約半数は即死か昏睡状態となり、病院に運ばれて治療を受けても、後遺症なく元気になる人は25％ほど**です。

項部硬直とは

首の後ろが硬くなり、首を前に曲げようとすると力が入って曲げられなくなる（抵抗がある）ことをいいます。髄膜炎やくも膜下出血に見られる症状のひとつで、**炎症や出血の影響で髄膜が過敏になって起こります。**

\やったら/
NG

・**鎮痛薬を飲ませて様子を見る**
危険な頭痛で、むやみに鎮痛薬を服用すると、診断や治療の妨げになる

・**無理に動かす**
血圧が急変する可能性がある。激しい頭痛の場合は安静を保つことが大切

普段飲んでいる薬が効かないときはどうする

頭痛もちの人は、「いつものこと」と誤解して、重要な病気が原因の頭痛を見逃してしまうことも。普段と痛みや痛む場所が違うときや、いつも飲んでいる薬が効かないときは、すぐに病院を受診させましょう。

頭痛の基礎知識

　頭痛は、大きく2種類に分けられます。ひとつは原因疾患のない頭痛（一次性頭痛）で、いわゆる「頭痛もち」の人の頭痛です。もうひとつは脳などの病気が原因で起こる頭痛（二次性頭痛）で、くも膜下出血による頭痛などはこちらに含まれます。

　二次性頭痛は生命にかかわったり、治療しても重い後遺症が残ることもあるので、見逃さず、迅速に治療につなげることが重要です。

一次性頭痛

片頭痛	ズキンズキンと痛み、頭の片側に起こることが多い。吐き気を伴うこともある。音や光の刺激で悪化しやすい
緊張型頭痛	頭が締め付けられるように痛み、頭重感を伴うことも。肩こりやストレスとの関係が深い
群発頭痛	片目の奥が痛み、ある期間に集中して起こる。痛みが強く、じっとしていられないほどつらい

二次性頭痛

くも膜下出血	経験したことのない激しい頭痛に突然襲われる。嘔吐や意識障害を伴うことも多い
脳内出血	頭痛のほかに、意識障害、運動麻痺、感覚麻痺などを伴う
脳動脈解離	脳内の動脈が裂けて、急に強い痛みが出現。痛みは後頭部に起こることが多い。原因は動脈硬化など
脳血管攣縮	脳の血管がけいれんして頭痛が起こる。1～3カ月で改善する
急性硬膜下血腫	頭を強く打ったために、脳を覆う硬膜の下の血管が破れ、たまった血（血腫）が脳を圧迫する。吐き気、嘔吐、けいれん、意識障害などを伴うことも
慢性硬膜下血腫	頭を強く打ったために、脳を覆う硬膜の下の血管が破れ、たまった血が脳を圧迫して起こるのは急性硬膜下血腫と同じだが、血腫が徐々に大きくなるため、3週間以上経ってから頭痛などの症状が出る
脳腫瘍	脳腫瘍による頭痛は突然起こることは少なく、数カ月から数年かけて痛みが強くなっていく。手足のしびれや、目の見えにくさ、言葉の障害（ろれつが回らないなど）、吐き気などを伴うこともある
髄膜炎、脳炎	発熱、頭痛、嘔吐で症状が始まる。細菌やウイルスの感染が原因で起こり、進行すると意識障害なども現れる

☑ CheckList

▶ **二次性頭痛を疑うサイン**

- □ 急または突然発症する頭痛
- □ 50歳以降に発症する頭痛
- □ 頭痛パターンの変化または最近発症した新しい頭痛
- □ 姿勢によって変化する頭痛
- □ くしゃみ、咳、または運動により誘発される頭痛
- □ 痛みや症状が進行する頭痛、非典型的な頭痛
- □ 外傷後に発症した頭痛
- □ 鎮痛薬使用過多もしくは薬剤新規使用に伴う頭痛

など

▶ **頭痛以外の症状もチェック**

- □ 吐き気、嘔吐
- □ しびれや麻痺
- □ ろれつが回らないなどの 言語障害
- □ めまい、ふらつき
- □ 意識レベル
- □ けいれん
- □ 呼吸の状態
- □ 発熱

※「頭痛の診療ガイドライン2021」（日本頭痛学会）より

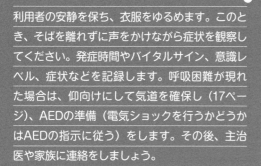

救急車が到着するまで何をする？

利用者の安静を保ち、衣服をゆるめます。このとき、そばを離れずに声をかけながら症状を観察してください。発症時間やバイタルサイン、意識レベル、症状などを記録します。呼吸困難が現れた場合は、仰向けにして気道を確保し（17ページ）、AEDの準備（電気ショックを行うかどうかはAEDの指示に従う）をします。その後、主治医や家族に連絡をしましょう。

まずはコレ！

救急隊に正確に 状態を伝える

救急車が到着したら、「いつから・どこが・どのように痛むのか」を伝えましょう。バイタルや意識の有無、手足の脱力の有無、吐き気の有無、出血の有無も併せて伝えます。

ココを押さえる！

くも膜下出血でも、強めの頭痛が続いている程度のことも。経験のない頭痛があるときは、痛みの状態やバイタルサインを確認して主治医に連絡しましょう。

脳血管障害や脳腫瘍の可能性も

めまい

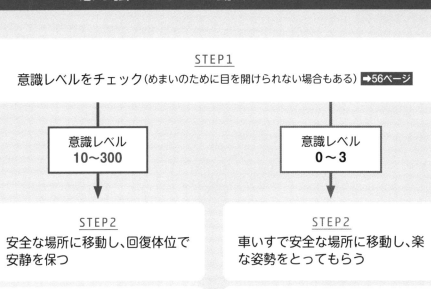

フローチャート： **急な強いめまいで動けなくなったら**

STEP1
意識レベルをチェック（めまいのために目を開けられない場合もある）➡56ページ

意識レベル 10〜300	意識レベル 0〜3

STEP2
安全な場所に移動し、回復体位で安静を保つ

STEP2
車いすで安全な場所に移動し、楽な姿勢をとってもらう

STEP3
バイタルサインとめまい以外の症状をチェック ➡56ページ

STEP3
バイタルサインと、めまい以外の症状をチェック ➡56ページ

STEP4
脳卒中（脳梗塞、脳内出血、くも膜下出血）の症状がある場合は救急車を呼ぶ。それ以外は緊急受診

STEP4
主治医に連絡・報告し、指示を受ける

めまいの原因

　めまいの原因としては、脳梗塞や脳出血などが考えられます。また、これらのほかに**視力の異常、血圧の低下、うつ状態、低血糖、脱水などもめまいを引き起こすことがあります。**

めまいの原因として考えられる主な病気

脳が原因	脳梗塞、脳出血	ろれつが回らない、手足の脱力、ものが二重に見える、吐き気や嘔吐などの症状に注意
	脳腫瘍	聴神経に腫瘍ができるとめまいが起こる。難聴や耳鳴りに注意(聴神経腫瘍)
	椎骨脳底動脈循環不全	椎骨脳底動脈の循環が一時的に悪くなるために、めまいが起こる。失神による転倒に注意。動脈硬化が原因の場合と、頸椎症が原因の場合がある
内耳が原因	良性発作性頭位めまい症	寝返りをしたときや起き上がったときなど、頭を動かした後に強いめまいが起こるが、じっとしていると30秒〜1分以内に治まる。内耳にある耳石のかけらがはがれて起こる
	前庭神経炎	内耳の前庭という部分の炎症で、めまいや吐き気が起こる。風邪を引いた後に発症することが多く、ウイルス感染や血液の循環障害が原因といわれる
	メニエール病	めまいのほかに、難聴、耳鳴り、耳が詰まった感じなどが起こる。原因は不明
そのほかの原因	不整脈	寝ているときや運動中に、急に気が遠くなる(失神することも)。胸の痛みや動悸が伴うこともある
	起立性低血圧	寝た状態から起き上がったり、立ち上がった後、5分以内に気が遠くなる。血圧の調節がうまくいかないためで、自律神経失調、糖尿病、薬剤(利尿薬、降圧薬など)などが影響する
	迷走神経反射	排尿や排便、咳などの後に気が遠くなったり、冷や汗が出たりする。長時間立ちっぱなしでいたり、強い痛みを感じたときにも起こりやすい

\やったら/
NG

・歩行での移動
転倒の危険があるので、必ず車いすなどを使って安全な場所に移動する

・ただのめまいと軽視する
めまいの原因の判断は難しい。とくに、めまい以外の症状がある場合は要注意

> めまいは、さまざまな部位の異常によって起こります

めまいの種類と特徴

　めまいには、「回転性のめまい」「浮動性のめまい」「立ちくらみのようなめまい」があります。それぞれ症状や原因が異なるので、「めまいがした」という訴えがあったら、どんなめまいか利用者に確かめて記録しましょう。

めまいの種類

めまいの種類	症状	原因
回転性のめまい	自分自身や周囲のものがぐるぐる回る。難聴、耳鳴り、耳が詰まった感じなどを伴う	脳出血、椎骨脳底動脈循環不全、メニエール病、前庭神経炎、突発性難聴など
浮動性のめまい	体が宙に浮いているような、ふわふわした感じでまっすぐ歩けない	脳梗塞、脳出血、脳腫瘍、高血圧、うつ病、睡眠不足など
立ちくらみのようなめまい	立ち上がった後などに気が遠くなる、動悸がして気が遠くなるなど	起立性低血圧、迷走神経反射、不整脈、貧血など

☑ **CheckList**

▶ **めまい以外の症状をチェック**

□ 吐き気、嘔吐　　　□ 意識レベル

□ しびれ、麻痺　　　□ 難聴

□ ろれつが回らない　□ 耳鳴り
　　などの言語障害　□ 耳が詰まった感じ

□ 頭痛　　　　　　　□ 冷や汗

救急隊に何を伝えたらよい❓

救急隊には、いつからめまいが続いているか、どれくらい続いているかを伝えます。そのほか、バイタルやめまいの種類、頭痛や手のしびれ、麻痺、ふらつきの有無、持病や服用している薬の有無を伝えましょう。

ココを押さえる！

 これは危険なめまいかも……と見抜く力が大切。さまざまな原因で起こるめまいですが、危険なめまいの特徴をしっかり押さえておきましょう。

〔 老年症候群とは？ 〕

　高齢者、とくに介護を必要としている人は、複数の症状を併せもっていることがほとんどです。老化現象により、治療や看護、介護を必要とする症状・徴候を総称して、「老年症候群」といいます。

　老年症候群の症状・徴候は50項目以上あり、「生理的老化」と「病的老化」に分けられます。生理的老化は、耳が聞こえづらくなる、夕方になると目が見えにくくなる、夜間のトイレの回数が増える、人の名前がなかなか出てこないなど、年をとれば誰にでも起こります。一方、病的老化はより深刻で、褥瘡、誤嚥、失禁、サルコペニア（筋肉量の低下）や関節の拘縮（関節が硬くなる）、認知機能の低下、うつなど前述したように治療や看護、介護が必要になります。

老年医学の進歩により専門的に診療できる病院も

　さまざまな症状があるために、老年症候群の人はいくつもの診療科にかかっていることが多いですが、症状ごとに別々の診療科で治療を受けていても、薬が増えるだけという事態に陥りがちです。そこで、この頃は「老年医学」が発達し、高齢者を総合的に診療する方向に向かいつつあります。病院によっては、老年医学科などの診療科を開設しています。

　病的老化のなかでも、褥瘡、誤嚥、サルコペニアなどの廃用症候群は、とくに低栄養と運動不足から生じます。生理的老化によっても、食が細くなったり活動量が減ったりしますが、きちんと栄養を摂れることと、ADLを保って活動的に過ごすことは、高齢者の健康維持に不可欠の要素です。加齢により心身が衰えるのを完全に止めることはできませんが、栄養と運動に配慮することによって老年症候群の進行をゆるやかにすることは可能です。

重大な病気かもしれないので注意

ろれつが回らない

フローチャート： **急にろれつが回らなくなったら**

STEP1
口や舌が曲がっていないか、
顔がゆがんでいないか、滑舌が悪くないかチェック

STEP2
応援を呼び、バイタルサインをチェック

STEP3
言葉以外の症状をチェック ➡右ページ
とくに脳梗塞や脳出血の症状に注意！

| 脳梗塞や脳出血の症状がある | 脳梗塞や脳出血の症状はない |

STEP4
救急車を呼ぶ

STEP4
主治医に連絡・報告し、指示を受ける ➡急変時報告シート（146ページ）

ろれつが回らなくなる原因として考えられる疾患

脳梗塞／脳出血／失語症／構音障害／パーキンソン病など

失語症とは

脳の「言語領域」（言葉を司っている部分）が、脳卒中や頭部外傷などによって傷つき、言葉がうまく使えなくなる状態。**言語領域のどの部分が傷つくかによって、「話す」**だけでなく、「聞く」「読む」「書く」ことが難しくなることもあります。失語症にはさまざまな種類があります。

構音障害とは

唇、舌、声帯などの麻痺、あるいは体の動きを調節する機能の障害によって声が出にくくなったり、発声が不明瞭になる状態。**基本的に「話す」ことが困難**になりますが、運動失調が原因だと、「書く」ことも難しくなることがあります。

☑ CheckList

▶ **ろれつ以外の症状もチェック**

□ 口や舌の曲がり、顔のゆがみ、眼球の位置

□ よだれを流す

□ 手足のしびれ、脱力、ふらつき

□ 頭痛

□ めまい、吐き気

□ 呼吸状態、意識レベル

\やったら/
NG

・**症状が軽いので様子を見る**
もし脳梗塞だった場合、治療が遅れて重大な後遺症が残ることも

・**水分などをとらせる**
飲み込む機能も低下している可能性がある

顔の動きにも注目しましょう

原因はてんかんとは限らない

けいれん

フローチャート：**突然けいれんが始まったら**

STEP1

- ●仰向けに寝かせて顔は横を向け、衣服をゆるめる
- ●周囲から危険なものを取り除く（ベッド上の場合は柵を上げて転落を防ぐ）
- ●応援を呼ぶ

STEP2

けいれんの始まった時刻を確認

STEP3

- ●けいれんの状態を観察
- ●呼びかけて反応があるか、全身のけいれんか、右半身または左半身の けいれんか、どのようなけいれんか、チアノーゼの有無などを確認

| 5分以上けいれんが持続 | 5分以内にけいれんが消失 |

けいれんが治まった 時刻を確認

STEP4

救急車を呼ぶ

STEP4

バイタルサインと意識レベルを チェックし、主治医に連絡・報告
➡急変時報告シート（146ページ）

けいれんが起きたら

けいれんには、強直性けいれんと間代性けいれんの2種類があります。

強直性けいれんは、全身の筋肉が硬くなってつっぱり、眼球が上に向きます。無呼吸状態になってチアノーゼが生じることもあり、多くの場合は、数秒〜30秒ほどで終わります。間代性けいれんは、はじめはガクガクとなり、だんだん動きがゆっくりとなって、1分ほどで終わります。けいれん後、数分間の昏睡を経て、徐々に意識が回復するケースが多いです。どちらのケースでも、**まず、仰向けに寝かせます**。次に、嘔吐物や唾液の誤嚥を防ぐため、顔は横を向けます。周りに刃物や火の気など、危険なものがある場合は遠ざけましょう。

けいれんになった場合の対応

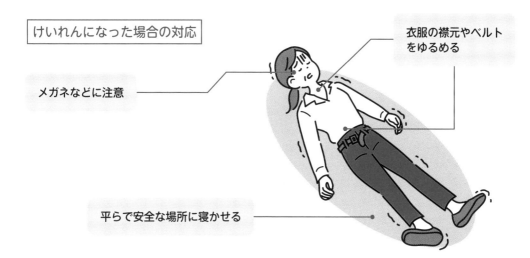

衣服の襟元やベルトをゆるめる

メガネなどに注意

平らで安全な場所に寝かせる

けいれんがあったらどこを観察する❓

けいれんの状態が見られたら、体のどこから始まったか、眼球や頭はどちらに向いていたか、手足が突っ張って硬くなっていたか、体がガクガクしていたか、左右で差があったかを確認しましょう。

＼やったら／
NG

・割り箸をかませたり、口にハンカチを詰める
のどを刺激して嘔吐を招き、窒息の危険を高める

・体をゆらすなど刺激する
けいれんを長引かせる危険がある

けいれんの原因として考えられる主な疾患

てんかん／脳血管障害／頭部外傷／感染症／尿毒症／肝性昏睡／電解質異常／糖尿病性昏睡など

てんかん

　てんかんとは、大脳の神経細胞から出る電気信号のリズムが突然崩れて、激しい電気信号が乱れ飛ぶ「てんかん発作」（けいれんなど）を特徴とする疾患です。脳に何らかの障害や傷があるために起こる「症候性てんかん」と、原因不明の「特発性てんかん」があります。てんかんは、一部のものを除いてほとんど遺伝しません。症候性てんかんの原因は、脳炎、髄膜炎、脳卒中、脳外傷などです。

　てんかんの多くは、抗てんかん薬の服用によってけいれん発作を防ぐことができるので、服薬介助が重要なケアとなります。

　てんかんは、**子どもの病気と思われがちですが、高齢になってはじめて発症する人も増えています。**また、高齢者のてんかんのなかには、典型的なけいれん発作が見られないものもあります。

そのほかのけいれん

種類	症状
眼瞼けいれん、筋単純性けいれん	まぶたがピクピク動く、まばたきを繰り返すなど
片側顔面けいれん	目のまわりや頬、口元がピクピク動く
チック	顔や肩など、体の一部がときどきピクッと動くという症状が続く
羽ばたき振戦	腕を伸ばしたり、手を広げたときに、鳥の羽ばたきのような動きが出る

代謝性疾患

疾患	症状
尿毒症	腎臓の機能が極度に低下したために、老廃物が血液中にたまって起こる全身の変化。意識障害やけいれん、頭痛、むくみ、視力障害などさまざまな症状が出現する
肝性昏睡	肝硬変の合併症のひとつ。肝臓の解毒作用が低下すると血液中にアンモニアが増え、昏睡(完全な意識消失)が起こる
電解質異常	脱水などのために、体内の電解質のバランスが崩れ、吐き気やだるさ、口の乾き、脱力感、けいれんなどが起こる
糖尿病性昏睡	糖尿病で血糖値が非常に高くなって起こる。初期症状は、だるさや頭痛、腹痛、けいれんなど。進行すると脱水がひどくなり、血圧低下や尿量の減少、昏睡が起こる

けいれんの原因はいろいろです。けいれんの様子をしっかり観察しましょう

☑ CheckList

- -

▶ けいれん以外の症状もチェック

☐ 呼吸状態
☐ チアノーゼの有無
☐ 嘔吐
☐ 失禁
☐ けいれん後の頭痛
☐ けいれん後の意識レベル
☐ 倒れた時に頭などを打っていないか

ココを押さえる!

てんかんのけいれんは、ほとんどの場合は5分以内に治まります。重要なのは観察と記録。医療者に正しい情報を提供しましょう。

重大な心疾患の可能性がある

激しい胸の痛み

フローチャート： 激しい胸痛を訴えたら

STEP1
楽な姿勢にさせて、応援を呼ぶ

STEP2
- バイタルサインと意識レベルのチェック
- 呼吸困難、冷や汗、チアノーゼ、手足の冷感、吐き気・嘔吐などを確認

狭心症等の既往がない

狭心症の既往があり、発作時の指示薬がある

STEP3
上記の症状がある場合や、呼吸が止まった場合は救急車を呼ぶ

脈が止まった場合はAEDを使用

STEP3
主治医の指示通りに薬(ニトログリセリンなど)を服用させる

STEP4
症状が治まらない場合は主治医に連絡・報告して指示を受ける

激しい胸痛の原因として考えられる主な疾患

心筋梗塞／狭心症／大動脈解離／大動脈瘤破裂／急性心筋炎／肺塞栓症など

胸痛の原因

　心筋梗塞や大動脈解離などの疾患のほかに、帯状疱疹や肋間神経痛など、**神経が障害されて胸痛が起こる場合**や、逆流性食道炎によって胸痛が起こる場合もあります。

胸痛で考えられる疾患

疾患	概要・症状
心筋梗塞	心臓に酸素や栄養を送る動脈が詰まり、心臓の筋肉が壊死(組織が死ぬこと)する。締め付けられるような激しい胸痛が突然起こり、30分以上続く。冷や汗、吐き気、嘔吐、呼吸困難を伴うことも多い。まれに、倒れるほどの痛みがなく、首や背中、左腕、みぞおち、あるいは歯の痛みを訴えることもある
狭心症	心臓に酸素や栄養を送る動脈が狭くなり、心臓の筋肉が酸素不足になって痛みが生じる。締め付けられるように痛むが、2〜10分で消失する。階段を上るときなど、労作時に起こるものが多いが、夜間寝ている時に苦しくなったり圧迫感を感じる「安静時狭心症」もある
大動脈解離	胸部や腹部を通る大動脈が裂け、血流障害が起こる。胸、あるいは背中に、杭(くい)が突き刺さるような激痛が起こり、痛みが胸からおなか、脚へと下向きに移っていくのが特徴。いきなり意識を失ったり、ショック状態になることもある
大動脈瘤破裂	大動脈瘤(大動脈にできたコブ)が破裂し、突然強烈な胸痛に襲われてショック状態になる。破裂した場所によっては、吐血や喀血も見られる
急性心筋炎	心臓の筋肉にウイルスが感染して起こる。風邪などをきっかけに、数日後から胸痛が出現し、心不全やショック状態になって死亡することもある
肺塞栓症	心臓から肺に血液を送る肺動脈に、血のかたまり(血栓)が詰まる。血栓の9割以上は、脚の静脈瘤内でできる。息苦しさや息を吸う時の胸痛が主症状で、失神やショック状態になることもある
気胸	胸膜に穴があいて空気が漏れ、肺がしぼんでしまう。主症状は、胸痛、呼吸困難、咳。空気が大量に漏れると、心臓を圧迫してショック症状になることもある。高齢者には、慢性閉塞性肺疾患(COPD)や肺がんの影響で起こる気胸が多い

命にかかわる胸痛と動脈硬化

　突然の激しい胸痛が出現する疾患のなかでも、心筋梗塞、大動脈解離、大動脈瘤破裂は、その根底に動脈硬化があります。動脈硬化は血管の老化ともいわれ、進行すると血管が狭くもろくなり、動脈硬化性疾患（心筋梗塞、大動脈解離、大動脈瘤破裂など）を引き起こします。動脈硬化の危険因子である**肥満や脂質異常症、糖尿病、メタボリックシンドロームなどを放置せず、きちんと治療する**ことが、重大な動脈硬化性疾患を防ぐことにつながります。

まずはコレ！
衣服をゆるめて楽な姿勢にさせる

衣服をゆるめて、呼吸をしやすくします。座位またはセミファウラー位にすると、よいでしょう。ギャッチアップは30度程度にして、利用者の楽な姿勢を探します。

☑ **CheckList**

▶ **胸痛以外の症状もチェック**

☐ 呼吸困難　　☐ 意識レベル
☐ 冷や汗　　　☐ 動悸
☐ チアノーゼ　☐ めまい
☐ 手足の冷感　☐ 悪心・嘔吐

▶ **救急隊や医療従事者に伝えること**

☐ いつから胸痛があるのか
☐ どんな痛みや症状か
☐ 発作の持続時間や間隔

ココを押さえる！

 突然の激しい胸痛で、呼吸困難や冷や汗、チアノーゼ、意識消失などが伴う場合は、救急車を呼ぶのをためらってはいけません。

〔 高齢者の体と症状の特徴 〕

　高齢者は病気にかかりやすいですが、その大きな理由は「予備力」の低下です。予備力とは、例えばいざというときに走ることができるというように、最大限に発揮する能力と、普通の生活を送るのに必要な能力の差のこと。高齢者は危険が迫っても思い切り走って逃げることができませんし、階段を上ると息が切れてしまいます。免疫力も低下して感染症にかかりやすくなり、それが悪化しやすく治りにくいため、普通なら命に関わるようなことがない病気でも危険な状態になることがあります。

　また、症状がはっきりあらわれにくいことも高齢者の特徴です。肺炎にかかっても高熱や咳があまり見られないことが少なくありません。血液検査を行ってもわかりにくいことがあり、医師から見ても高齢者は診断が難しいのです。だからこそ、利用者のいちばん身近にいる介護専門職が「いつもと違う」と気づくことが大切です。「胸が痛い」「おなかが痛い」などの症状が激烈でなくても、「いつもと違うな」と思ったら、気をつけて様子を観察し、状態が急変したときすぐに対応できるように心がけましょう。

一般的な高齢者の身体的特徴

- ●病気にかかりやすくなる（予備力の低下）
- ●環境の変化に適応する能力が低下する
- ●複数の病気や症状を持ち、治ることもあるが障害が残ったり、慢性化しやすい
- ●症状がはっきりしない（症状が教科書どおりあらわれない）
- ●合併症を起こしやすい
- ●視力や聴力が低下する

不整脈

フローチャート： **不整脈があったら**

STEP1
楽な姿勢になってもらう

STEP2
バイタルサインをチェック

脈は1分間、指を橈骨動脈に当てて測定する
（電子血圧計では脈拍数しかわからないため）

STEP3
不整脈以外の症状をチェック

動悸、息切れ、めまい、ふらつき、失神、意識消失など

| 失神、意識消失あり | 失神、意識消失なし |

STEP4
呼吸苦がある、脈が触れないなどの場合はAEDを使用し、救急車を呼ぶ

STEP4
主治医に連絡・報告して指示を受ける ➡急変時報告シート（146ページ）

💊 脈拍測定のしかた

　脈拍は、一般的に橈骨動脈に触れて測定します。片方の手で利用者の手を支え、もう片方の手の人差し指、中指、薬指の３指をそろえて、指の腹で軽く押すようにして動脈に触れます。不整脈がある場合は、きちんと１分間測定して不整脈の状態を把握しましょう。脈拍は、上腕動脈、総頸動脈、大腿動脈、足背動脈でも測定できますが、人によっては脈が触れにくい部位もあります。橈骨動脈は最も触れやすいですが、もし触れにくいときは、上腕動脈か総頸動脈で試してみましょう。**それぞれの部位の脈のとりかたについて、まず自分の体で試してみるとよいでしょう。**

\やったら/
NG

・**電子血圧計やパルスオキシメーターで脈拍を測定する**
電子血圧計やパルスオキシメーターは脈拍数を表示するだけなので、脈が不規則かどうかわからない

・**たいしたことはないはずと症状を軽く見る**
脈の異常から重篤な状態になることも。脈拍数や脈のリズムを確認する

☑ C h e c k L i s t
- -

▶ **脈拍測定時の注意点**

□ 必ず、人差し指、中指、薬指で測定

□ 指の腹で動脈に触れる

□ 橈骨動脈で触れないときは、総頸動脈で測定

□ 不整脈（脈の乱れ）や結滞（脈が飛ぶ状態）のある人は１分間測定

橈骨動脈

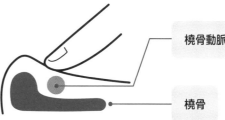

橈骨動脈

橈骨

ココを押さえる！

脈が正常な範囲よりもゆっくり打つ、速く打つ、あるいは不規則に打つ状態を不整脈といいます。１分間きちんと計測し、不整脈かを判断しましょう。

脈拍の回数でどんな不整脈かを判断

　脈拍の回数によって不整脈の疾患を絞ることができます。脈拍が1分間に100回以上の場合、1分間に50回以下の場合、不規則の場合に考えられる疾患をしっかり把握しましょう。

不整脈の種類

頻脈性不整脈	100回／分以上	心房細動	心房の中で不規則に電気興奮が発生し、心房がけいれんしたようになる。最も一般的な不整脈で、加齢とともに増加する。心房細動が持続する慢性心房細動になると、心房の中に血栓ができ、それが脳に飛んで脳梗塞を起こす危険がある(心原性脳梗塞)
		心房粗動	心房の筋肉が、毎分250〜350回も規則的に収縮するが、実際の脈拍数は250回／分にはならない
		発作性上室性頻拍	突然動悸が起こり、重症の場合はめまいや失神が起こるが、すぐに命にかかわることはない
		心室頻拍	原因不明の場合と、心筋梗塞などが原因で起こる場合がある。長時間になると命にかかわる。血圧が低下するため、めまい、ふらつき、失神が出現する
		心室細動	心臓のポンプ機能が停止し、血液の流れが止まってしまうので、2〜3秒でめまいが起こり、5〜15秒で意識消失、3〜5分続くと脳死に至るといわれる
徐脈性不整脈	50回／分以下	洞不全症候群	50回／分以下の状態が続いたり、心臓を動かす電気信号が一時的に止まってしまう。息切れや疲れやすさが出現し、重症になると失神することも。心臓の働きが低下して心不全に至る危険もある
		房室ブロック	心臓を動かす電気信号の流れが阻害され、心拍がゆっくりになる。全身に十分血液が回らなくなるため、めまいや失神が起こる
期外収縮	脈が不規則	上室性期外収縮	規則的な脈が続いた後に、1拍飛んだり、速くなったりする。正常な脈の間に異常な電気信号が突然出現し、心臓が不規則に拍動してしまう。症状は安静時の動悸や息切れ
		心室性期外収縮	心室に期外収縮が起こる。動悸や脈の飛びを感じることも。もともと心臓病のある人に心室性期外収縮が頻回に起こると、心室頻拍や心室細動など危険な不整脈が続いて起こることがある

怖い不整脈とは

最も気をつけなければならないのは、「心室頻拍」と「心室粗動」です。めまいやふらつき、失神や意識消失が伴う場合は、脳に血液が十分に回っていない可能性があるので、すぐに主治医に報告して指示を受けましょう。**呼吸困難や呼吸停止、脈が触れないなどの場合は、ためらわずに、救急車を呼び、AEDを装着しましょう。**

「心室頻拍」と「心室粗動」以外は、すぐに命にかかわるものではないものの、長引くと別の疾患を引き起こすものや、心臓に負担をかけて心不全の原因になったりするので、適切に治療することが求められます。

不整脈の治療

不整脈の治療は、薬物療法の他に、カテーテル治療、ペースメーカー等による治療があります。**緊急性のない不整脈でも、放置すると重大な疾患につながることがあるので、**継続的な観察と適切な治療を行うことが大切です。

☑ CheckList

▶ **不整脈になったときの対応**

□ 声かけをして不安軽減に努める
□ 脈拍数や脈のリズムを確認する
□ 不整脈以外の症状を確認する
□ 脱水が見られるときは水分補給をする
□ 呼吸苦があればAEDを準備する

▶ **不整脈以外の症状もチェック**

□ 動悸　　　　　□ 疲労感、疲れやすさ
□ 脈が飛んだ感じ　□ チアノーゼ
□ 胸部圧迫感　　　□ 失神、意識消失
□ 呼吸苦、息切れ
□ めまい、ふらつき

ココを押さえる！

 不整脈は疾患理解が少し難しいところがありますが、怖い不整脈への対処法をしっかりと覚えておきましょう。

皮膚が青紫に変色していたら、全身が酸素不足かも

チアノーゼ

フローチャート： 急にチアノーゼがあらわれたら

STEP1
- 声をかけ、呼吸状態や意識レベルをチェック
- チアノーゼの範囲を確認

呼吸困難や呼吸停止、意識レベルの低下がある

呼吸、意識レベルとも異常なし

STEP2
- 仰向けに寝かせて気道確保の体位にする
- 救急車を呼ぶ
  ※脈が触れない場合はAEDを使用
- バイタルサインとチアノーゼ以外の症状をチェック
- 保温する

STEP2
- バイタルサインをチェック
- チアノーゼ以外の症状をチェック

STEP3
保温し、主治医に連絡・報告し、指示を受ける

体を冷やさない

体を冷やさない

チアノーゼの原因として考えられる疾患

心筋梗塞／狭心症／心不全／肺炎／気管支喘息／慢性閉塞性肺疾患(COPD)／心臓の機能低下／ショック状態／閉塞性動脈硬化症／閉塞性血栓性血管炎／静脈閉塞／感染症／貧血／脳血管障害など

 ## チアノーゼに対するケア

　チアノーゼが見られたときは、衣服をゆるめた上で保温しましょう。とくに末梢性チアノーゼの場合は、温めることによって血流の循環が改善し、チアノーゼが軽減しやすくなります。動脈を流れる血液が酸素不足になっているときは酸素吸入が有効ですが、疾患によってはかえって悪化して呼吸停止などを招くことがあるので、必ず医師の指示のもとに行います。

☑ CheckList

▶チアノーゼになったときの対応
- □ チアノーゼの出た部位や程度を確認
- □ チアノーゼの出現のしかた(突然か慢性的なものか)を確認
- □ 口腔内の異物は除去したか
- □ 毛布などで保温したか

▶チアノーゼ以外の症状もチェック
- □ 呼吸状態
- □ 意識レベル
- □ 冷感
- □ 冷や汗
- □ ふるえ
- □ 気分不快
- □ むくみ、尿量

※心不全の場合は、尿量が減ってむくみが出る

ココを押さえる!

 チアノーゼはめずらしくない症状ですが、急に起こり、他の症状も見られる場合は、重大な疾患の可能性があります。

ショック状態

フローチャート：ショック状態の兆候があったら

ショック状態の兆候

・顔などが蒼白
・全身が脱力する虚脱
・冷や汗

・呼吸困難、呼吸停止などの呼吸不全
・脈が触れない

STEP1
名前を呼び反応を確認し、応援を呼ぶ

STEP2
●仰向けに寝かせて衣服をゆるめ、気道確保の体位にする
●足を15〜30㎝上げる（ショック体位）
●体温が逃げないように毛布をかける

STEP3
バイタルサインと意識レベルのチェック
※収縮期血圧が90mmHg以下の場合はショック状態が疑われる（普段の血圧にもよる）

STEP4
●心肺停止の場合はAEDを使用し、救急車を呼ぶ
●意識を失っていても「○○さん」「大丈夫ですよ」などと声をかけ続ける

ショック状態の人への対応

ショック状態の人へ対応をする前に、周囲の安全確認と、自分の安全を確保しましょう。危険な場所にいる場合は、安全な場所へ移動させます。

その上でショック状態になっている人への対応を行います。まず、仰向けに寝かせて気道を確保します。次に衣服をゆるめる、体温を逃がさないように（服が濡れている場合は脱がせてから）保温するなどの管理をしましょう。

☑ CheckList

▶ショック状態になったときの対応

☐ 仰向けにして気道を確保　　　　　　☐ バイタルサインを測定する
☐ 衣服をゆるめる　　　　　　　　　　☐ ショック体位をとる
☐ 体温が逃げないように毛布などをかける　☐ 呼吸をしていないときは心肺蘇生を行う
☐ 声をかけ続ける

ショック体位

＼やったら／
NG

・**体を起こす**
心臓よりも頭を上にすると、脳の血流が
さらに悪くなる

・**水などを飲ませない**
ショック状態にある間は飲食はNG。悪化
させる危険がある

 迅速に処置を行わないと
死に至ることもあります

ショック状態が起こる原因

ショックにはさまざまな原因が考えられます。出血や脱水などの症状や恐怖などの精神的なことが原因となる場合もあります。

アナフィラキシーショックは、アレルギー反応によって起こるショック。食材、ハチ毒、薬剤などがアレルギーの原因となります。

肺塞栓（はいそくせん）は肺動脈に血栓が詰まって起こるショックです。心タンポナーデは、心臓の筋肉（心筋）と心臓を覆う膜の間にある心囊（しんのう）という部分に、多量の液体（血液など）または気体が多量にたまってしまいます。緊張性気胸は、気胸（65ページ）のために、胸の中にたまった空気が心臓や血管、肺を圧迫し、ショック状態になります。このような疾患が原因となることもあります。

ショック状態の兆候

兆候	解説
蒼白	末梢血管が極度に収縮することによって起こる。顔が蒼白、血の気がないという状態
虚脱	脳の血流が低下したために起こる。全身がぐったりし、意識ももうろうとする
冷や汗	自律神経(交感神経)の緊張によって起こる。皮膚が冷たく、じっとりした汗をかく
呼吸不全	細胞が酸素欠乏状態になったことによって起こる。呼吸が速くなる、または呼吸が遅くなる、呼吸困難、呼吸停止など
脈が触れない	心臓から送り出される血液の量が減るために起こる。橈骨動脈(手首)で脈が触れないときはショック状態が疑われる
目がうつろになる	虚脱状態に陥る。瞳孔が開いていることもある
無意欲・無関心になる	脳の血流量が減少することで起こる。表情はぼんやりとする

ほかにも、ショック状態の兆候として、唇が紫や白っぽく変色する、呼吸が早く浅くなる、寒気や気分不良、血圧低下、手足の冷えや脈拍が弱くなるなどが見られます

ショックの種類と原因

種類	解説	原因
循環血液減少性ショック	体をめぐる血液の量が減ったために起こる	けがなどによる出血、脱水、腹膜炎、広範囲の熱傷(やけど)、腸閉塞、低栄養など
血液分布異常性ショック	末梢血管が開ききってしまい、心臓に戻る血液量が減るために起こる	アナフィラキシーショック、敗血症、脊髄損傷、激しい痛み、極度の不安・恐怖など
心原性ショック	心臓のポンプ機能が低下して起こる	心筋梗塞、弁膜症、重症不整脈、心筋炎など
閉塞性ショック	血流が滞って起こる	肺塞栓、心タンポナーデ、緊張性気胸など

☑ CheckList

▶ ショック状態の兆候以外の症状もチェック

アナフィラキシーショック
- □ くしゃみ、咳
- □ かゆみ、じんましん
- □ むくみ
- □ 息苦しさ
- □ 血圧低下

敗血症
- □ 高熱
- □ 意識障害

心タンポナーデ
- □ 頻脈
- □ 脚のむくみ
- □ 指先のチアノーゼ
- □ 血圧低下

緊張性気胸
- □ 胸痛　　□ 頻脈
- □ 呼吸困難　　□ 血圧低下

ココを押さえる！

出血、脱水、アレルギー反応、重い感染症など、さまざまな原因で起こるショック状態。その兆候と対処法をしっかり覚えましょう。

複数ある呼吸困難のパターン。対処法は共通

息苦しくなる

フローチャート：急に息苦しさが出現したら

STEP1
- 衣服をゆるめ、本人が楽な姿勢で安静にする
- ファウラー位または起座位

STEP2
バイタルサインと意識レベル、誤嚥した様子があるかをチェック

STEP3
- 呼吸の状態を観察
- 不安をやわらげるような声かけを行う

意識レベル低下、チアノーゼ、呼吸停止あり

意識レベル低下、チアノーゼ、呼吸停止なし

STEP4
- 救急車を呼ぶ
- 心肺停止の場合はAEDを使用

STEP4
体位の工夫でも息苦しさが治まらない場合は、主治医に連絡・報告して指示を受ける

呼吸困難時に楽な姿勢

　呼吸困難時に楽な姿勢の二つを覚えておきましょう。ひとつめは、**ファウラー位**。上体を45〜60度起こした体位で、ひざは15度くらい曲げます。半座位ともいいます。

　二つめは、起座位。上体を起こし、少し前かがみにした対位です。テーブルにもたれかかるようにするとさらに楽になります。

ファウラー位 45〜60°

起座位

呼吸状態のチェックポイント

呼吸数		成人の正常値は15〜20回／分。5回／分以下は人工呼吸が必要。50回／分以上は緊急性が高い
呼吸の深さ		浅い呼吸、深呼吸様の呼吸に注意
呼吸リズム・パターン	チェーン・ストークス呼吸	「深い呼吸→浅い呼吸→無呼吸→浅い呼吸→深い呼吸」を繰り返す。脳の呼吸を司る部分の酸欠などに伴って出現する
	ピオー呼吸(群発呼吸)	「深いあえぎ→突然の無呼吸」を繰り返す。脳疾患に伴って起こることが多い
	クスマウル呼吸	「不規則に深く速い呼吸」が続く。糖尿病性昏睡や尿毒症などに伴って起こる
	失調性呼吸	「まったく不規則な呼吸」が続く。脳梗塞(脳幹部)などに伴って起こる

\やったら/
NG

・頭や肩に枕を当てる
首が前に曲がり、かえって呼吸を妨げる

・体位を強制する
本人が最も楽に呼吸できる体位にする

まずはコレ!
安全な場所に移動する

呼吸が苦しいときは、利用者をまず安全な場所に移動しましょう。体をしめつけないように衣服をゆるめます。

呼吸困難の原因疾患

気管閉塞／気管支炎／心筋梗塞／貧血／尿毒症／脳卒中など

異常のある部位別呼吸困難の疾患

異常のある場所	疾患
気道	誤嚥や異物による気道閉塞、のどの炎症（咽頭炎など）、アナフィラキシーショックなど
肺	気管支炎、肺炎、気管支喘息、慢性閉塞性肺疾患（COPD）、肺塞栓症、肋骨骨折、気胸など
心臓	心筋梗塞、狭心症、心不全、心筋炎、弁膜症など
血液	貧血など
代謝性	尿毒症、糖尿病性昏睡、甲状腺機能亢進症など
脳血管、神経、筋肉	脳卒中、脳腫瘍、脊髄損傷など
心因性	過換気症候群、神経症など
その他	一酸化炭素中毒、酸素欠乏、有毒ガスによる中毒、薬物中毒など

 過換気症候群の対処法

　精神的な不安や極度の緊張が原因で過呼吸になり、血液がアルカリ性になった状態が、過換気症候群です。症状は、息苦しさや速い呼吸のほかに、胸の痛み、めまい、手足のしびれや筋肉のけいれん、体の硬直など。**本人が意識的にゆっくり呼吸したり、呼吸を止めたりすると治まっていく**ので、介助者は、「落ち着いてゆっくり呼吸しましょう」「大丈夫ですよ」などと、本人を安心させる言葉をかけましょう。呼吸が落ち着いた後も、しびれなどは残りますが、ほとんどは数時間で消失します。

　紙袋を口に当てて呼吸させるペーパーバック法は、危険なので行われません。

胸の動きもチェック

呼吸困難になっている場合、胸や胸の周りの動きを観察し、どんな呼吸になっているかを確認しましょう。

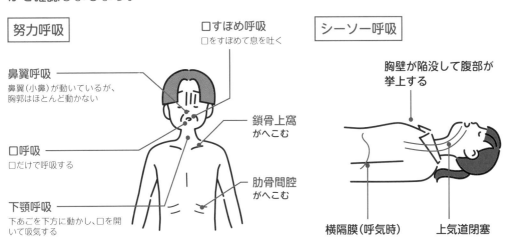

努力呼吸

口すぼめ呼吸
口をすぼめて息を吐く

シーソー呼吸

鼻翼呼吸
鼻翼(小鼻)が動いているが、
胸郭はほとんど動かない

口呼吸
口だけで呼吸する

下顎呼吸
下あごを下方に動かし、口を開いて吸気する

鎖骨上窩がへこむ

肋骨間腔がへこむ

胸壁が陥没して腹部が挙上する

横隔膜(呼気時)　　上気道閉塞

☑ CheckList

▶ 過換気症候群のときの症状

- □ 頭痛
- □ 顔面紅潮
- □ 手のひらの熱感
- □ 発汗
- □ 血圧上昇

- □ 頻脈、動悸
- □ めまい
- □ 胸の痛み
- □ 手足のしびれや硬直

▶ 呼吸困難により、酸欠状態になっているときの症状

- □ 頭痛
- □ 速い呼吸
- □ 頻脈
- □ 血圧低下
- □ チアノーゼ

- □ 意識障害
- □ 咳嗽の増加
- □ 強い喘鳴
  （ゼーゼー、ヒューヒュー）

ココを押さえる！

 呼吸困難は、本人に死の恐怖を感じさせる症状です。不安のためにますます苦しくなることもあるので、安心させる声かけを心がけましょう。

原因不明の腹痛に安易な対応は危険

激しい腹痛

フローチャート：**突然激しい腹痛を訴えたら**

STEP1
衣服をゆるめ、本人が楽な姿勢で安静にする

STEP2
- ●バイタルサインと意識レベルのチェック
- ●吐き気、嘔吐、下痢などの症状を確認
- ●おなかの張りや硬さを確認

呼吸停止や意識レベルの低下
あり

呼吸停止や意識レベルの低下
なし

STEP3
- ●仰向けにして気道を確保し、心肺停止があればAEDを使用
- ●救急車を呼ぶ

STEP3
嘔吐がある場合は
回復体位にする

STEP4
主治医に連絡・報告して
指示を受ける

腹痛があるときの楽な姿勢

　腹痛があるときは、両脚を曲げるとおなかの緊張が取れて楽になります。横臥位のときはもちろん、仰臥位（仰向け）のときもひざを曲げ、仰向けの場合はひざの下にはクッションなどを入れます。

　吐き気や嘔吐がある場合は、横臥位か、仰向けで顔だけ横を向けます。

横臥位

仰臥位

☑ CheckList

▶ **激しい腹痛時の対応**

☐ 楽な体位で安静にする

☐ 衣服をゆるめる

☐ 体を冷やさないように毛布などをかける

☐ 嘔吐や急な下痢出血（吐血・下血）などに気をつける

☐ 腹痛以外の症状を確認する

☐ 意識状態とバイタルサインを確認する

☐ 救急搬送の準備をする

☐ おなかを触って、硬さなど腹部の状態を確認する

＼やったら／
NG

・**痛み止めや水分を飲ませる**
原因がわかるまでは禁飲食

・**おなかを温める**
原因がわからないときは温めても冷やしてもダメ

とにかく楽な姿勢にしてあげましょう

激しい腹痛の原因として考えられる疾患

心筋梗塞／狭心症／大動脈解離／胃・十二指腸潰瘍／便秘／胃や腸の穿孔／胆道閉塞／尿路閉塞／腸閉塞など

痛みの起こる部位別腹痛の原因として考えられる疾患

部位	主な疾患
みぞおち	胃・十二指腸潰瘍、腸閉塞、急性膵炎、心筋梗塞、狭心症など
右上腹部	胆石症、急性胆のう炎、腸閉塞など
左上腹部	胃潰瘍、腸閉塞、尿管結石、腎結石など
へそ周囲	急性膵炎など
右下腹部	急性虫垂炎、卵巣茎捻転、そけいヘルニアなど
左下腹部	腸閉塞、虚血性大腸炎、卵巣茎捻転、尿管結石、腎結石、そけいヘルニアなど
中腹部、下腹部	腸炎、腸閉塞、骨盤腹膜炎、膀胱結石など
腹部全体	上腸間膜動脈閉塞症、大動脈解離、大動脈瘤破裂、骨盤腹膜炎など

おなかの張りや硬さの確認はどうやって行う

まず、仰向けにしてひざを曲げ、おなかを出してもらいます。おなかがいつもより膨れていないかを確認しましょう。次に、おなかに手のひらを当てて、おなかの張りや硬さを見ます。どの辺りがいちばん痛いか聞いてみましょう。最後に、手のひらで軽く押してみて、押して痛いところはないか聞きます。

☑ CheckList

▶ 腹痛以外の症状もチェック

□ 吐き気、嘔吐
□ 下痢、便秘
□ 冷感
□ 発熱
□ 胸痛
□ 息苦しさ
□ 意識レベル
□ 下血、血尿、性器出血

▶ 救急隊や医療職に伝えること

□ 痛みの状態
□ どのように腹痛が起こったか
□ 痛む部位と痛みの程度
□ おなかが硬いか張っているか
□ どのような姿勢が楽か
□ 痛みの増減はあるか

痛みの感じ方が弱く、重症でもあまり痛みを訴えないこともあります

ココ を押さえる！

腹痛の原因はさまざまで、消化器疾患とは限りません。腹痛に伴う症状にも目を向け、医療職に適切に報告できるようにしましょう。

嘔吐の原因疾患によっては危険

急な嘔吐

フローチャート： 突然吐いたら

STEP1
- ●横向きに寝かせ、口の中に残った吐物を取り除く
- ●誤嚥に注意

必ず使い捨ての手袋とエプロンを着用しましょう。**感染予防**のためです

STEP2
- ●バイタルサインと意識レベルのチェック
- ●頭痛、腹痛など、嘔吐以外の症状を確認

STEP3
- ●吐物の量、色が正常かどうかなどを観察する
- ●続けて吐く場合もあるので、ガーグルベースなどを用意する

STEP4
主治医に連絡・報告して指示を受ける

フローチャート： 嘔吐したときのケア

STEP1

●嘔吐が治まるまでは無理に体を動かさない

●誤嚥に注意する

STEP2

●嘔吐が治まったら横向きに寝かせて安静にする

●衣服や寝具が汚れていたら取り替えるが、吐き気が強い場合は無理をしない

STEP3

吐物はなるべく早く部屋の外に持ち出し、換気する

(吐物のにおいなどで吐き気が誘発されることがあるため)

STEP4

可能なら口腔内をすすいでもらう。義歯をしていれば外す

STEP5

再び嘔吐したときのために、ガーグルベースやティッシュをそばに置く

STEP6

脱水に注意し、重大疾患(88ページ)でなければ、経口補水液やスポーツドリンクを少しずつ飲んでもらう

吐物に血液や胆汁が混じっていたら主治医に報告を

嘔吐が見られる重大な疾患

脳腫瘍／脳卒中／腸閉塞／腹膜炎／胃や腸の穿孔／糖尿病性ケトアシドーシス／敗血症／緑内障など

嘔吐が見られる疾患

　重大な疾患には緊急の治療が必要です。**嘔吐以外の症状にも着目して、見逃さないようにしましょう。**また、これらのほかに、心不全などに使うジギタリス製剤、抗うつ薬、抗がん薬、モルヒネなどの医療用麻薬などの副作用として、吐き気や嘔吐が出現することがあります。

嘔吐が見られる疾患のほかの症状

	疾患名	嘔吐以外の症状
重大な疾患	脳腫瘍、脳卒中	頭痛、めまい、しびれ、ろれつが回らない、意識障害など
	髄膜炎、脳炎	頭痛、発熱、意識障害など
	腸閉塞	腹痛、腹満、便秘など
	腹膜炎、胃や腸の穿孔	腹痛、腹満、吐血や下血(穿孔の場合)など
	糖尿病性ケトアシドーシス	腹痛、脱水、低血圧、頻脈、クスマウル呼吸(79ページ)など
	敗血症	発熱、意識障害など
	緑内障	頭痛、眼痛など
そのほかの疾患	食中毒	腹痛、下痢、発熱など
	急性胃腸炎	腹痛、下痢、発熱など
	胆のう炎	発熱、上腹部の痛みなど
	胆石症	腹部や背部の痛みなど
	腎盂炎	発熱、背部痛など
	尿路結石	背部や腹部の痛みなど
	メニエール病	めまい、難聴、耳鳴りなど
	ストレス	頭痛、肩こり、便秘、下痢などさまざまな症状

感染源となる吐物や排泄物の処理

ウイルス性胃腸炎が疑われる場合は、**感染拡大を防ぐために、適切に処理すること**が**重要**です。食事の内容と時間、ほかに下痢している人がいないかも確認しましょう。

食中毒の種類と原因、症状

	種類	主な原因食品	症状
細菌	サルモネラ菌	鶏卵や食肉	悪寒、嘔吐から始まり、腹痛、38度前後の発熱など
	腸炎ビブリオ	魚介類やその加工品、二次汚染された食品	下痢、腹痛、吐き気・嘔吐など。発熱はほとんどない
	病原性大腸炎（O157など）	牛の糞便によって汚染された食肉やその加工品、井戸水など	発熱、激しい腹痛、水溶性の下痢、血便、吐き気・嘔吐など
	黄色ブドウ球菌	調理従事者の手によって汚染された食品（おにぎり、弁当、サンドイッチなど手作りのもの）	激しい吐き気・嘔吐、下痢、腹痛など
	カンピロバクター	食品やその加工品	発熱、頭痛、下痢、腹痛など
	ボツリヌス菌	酸素のない状態にある缶詰、瓶詰め、パック製品、ハム・ソーセージなど	悪心、嘔吐などに続き、めまい、頭痛、複視、瞳孔拡大、眼瞼下垂などが起こる。症状が進むと、発声困難、嚥下困難、起立不能などの神経障害、呼吸困難も
	セレウス菌	米、小麦などの農産物を原料とする食品。焼き飯、ピラフ、スパゲティなど	激しい吐き気・嘔吐が主症状の嘔吐型と、嘔吐のほかに腹痛、下痢が伴う下痢型がある
ウイルス	ノロウイルス	カキなどの貝類、調理従事者を介して二次汚染された惣菜など	吐き気、嘔吐、下痢、腹痛。発熱や頭痛、筋肉痛を伴うこともある

☑ CheckList

▶ **嘔吐以外の症状・状態もチェック**

□ 腹痛などの痛み　　□ めまい、ふらつき
□ 下痢　　　　　　　□ 意識レベル
□ 便秘　　　　　　　□ けいれん
□ 発熱　　　　　　　□ 呼吸の状態

\やったら/
NG

・**仰向けにする**
吐物や唾液の誤嚥を防ぐために、必ず顔を横に向ける

・**吐くのを我慢させる**
自然に吐いてしまうものはすべて吐き出させる

頻回の下痢による脱水にも注意を

急な下痢

フローチャート： 急に下痢になったら

STEP1
●腹痛、吐き気・嘔吐、めまいなどがないか確認
●便の性状や量を確認

> 感染予防のため、
> **使い捨て手袋**
> をして対処する

STEP2
●バイタルサインと意識レベルのチェック
●楽な姿勢で安静を保ち、体を冷やさないようにする

STEP3
●下痢が続く場合は、便の性状と量、回数をチェック
●下痢以外の症状も確認。脱水症状に注意する

STEP4
●主治医に連絡・報告し、指示を受ける
●定時薬の服用についても確認

便の性状と、他の症状が出ていないか注意しましょう

症状観察のポイント

　急な下痢が見られたら、**いつから下痢が始まったか、食事内容や生活の様子、下痢以外の症状はあるか**、そして、排便の回数、量、性状を観察しましょう。

便の観察項目

性状	軟便、泥状便、水様便など
におい	酸性臭(酸っぱいにおい)、アルカリ性臭(尿や水あかのようなにおい)、腐敗臭(生ゴミを何日も放置したようなにおい)など
色	黄色い、茶色い、黒い、白い、赤い、緑色など
混入物(血液、膿、粘液)の有無	混入している血液の色が赤いほど、肛門近くで出血している。真っ黒で泥状のタール便は胃など上部消化管からの出血が疑われる。膿や粘液が混ざっているかどうか

☑ CheckList

▶ **急な下痢が起きたときの対応**

☐ 嘔吐があるときは回復体位をとる
☐ 換気をする
☐ 下痢以外の症状を確認
☐ 水分補給を十分に行う
☐ 感染予防対策をする

▶ **下痢以外の症状もチェック**

☐ 腹痛　　　　　　☐ めまい、ふらつき
☐ 吐き気や嘔吐　　☐ 脱水症状
☐ 発熱　　　　　　☐ 食欲
☐ 発疹　　　　　　☐ 肛門周辺のかぶれの有無
☐ 手足の冷感

\やったら/
NG

・**下痢止めの服用**
細菌やウイルスの排出を妨げ、状態を悪化させる

・**いつも通りの食事**
食事は主治医に確認してから始める

下痢が続くときはどうする

下痢が激しく脱水が心配なときは、水分を補給させます。一度にたくさん飲ませると吐くことがあるので、少量ずつ飲ませます。

下痢の原因と考えられる主な疾患

消化管からの出血／痔／悪性腫瘍／感染性胃腸炎／膵臓疾患／腸結核／コレラなど

下痢の主な原因

種類		原因
感染性下痢	細菌感染	サルモネラ菌、腸炎ビブリオ、病原性大腸炎（O157など）、黄色ブドウ球菌、カンピロバクター、セレウス菌
	ウイルス感染	ノロウイルス
消化不良		食べ過ぎ、飲み過ぎ、アルコールや刺激物の影響、冷え、ストレスなど
アレルギー		アレルギーのある食品の摂取
薬剤性		薬剤の副作用

※感染性下痢の症状については、89ページの表「食中毒の種類と原因、症状」参照

疾患によって特徴のある便が出る

性状	疑われる疾患
タール便 ➡101ページ	食道、胃、十二指腸といった上部消化管の出血
真っ赤な血が混ざっている	痔、S状結腸や直腸の出血
赤黒い血が混ざっている	小腸の下部から大腸の出血
赤黒いゼリー状	腸重積（小腸が大腸に入り込んだ状態）
いちごゼリー状	アメーバ赤痢
灰白色	膵臓疾患、腸結核
米のとぎ汁状	コレラ、乳幼児の場合はロタウイルス感染

急性下痢と慢性下痢

　症状が続く期間によって、下痢は大きく二つに分けられます。**発症から１週間くらいで治まる場合は「急性下痢」、下痢が１カ月以上続く場合は「慢性下痢」です。**

　感染性下痢、消化不良、アレルギーによる下痢などは、だいたい１週間以内に落ち着くので急性下痢です。慢性下痢としては、過敏性腸症候群、大腸がん、炎症性腸疾患（潰瘍性大腸炎、クローン病）などがあります。

便の性状分類(ブリストルスケール)

		タイプ(硬さ)		
遅い（約100時間） ↑ 消化管の通過時間 ↓ 早い（約10時間）			1	コロコロ便	硬くてコロコロの兎糞状の便
		2	硬い便	ソーセージ状ではあるが、硬い便
		3	やや硬い便	表面にひび割れのあるソーセージ状の便
		4	普通便	表面が滑らかで軟らかいソーセージ状、または蛇のようなとぐろを巻く便
		5	やや軟らかい便	はっきりとしたしわがあり軟らかい、半分固形の便
		6	泥状便	境界がほぐれて、ふにゃふにゃの不定形の小片便。泥状の便
		7	水様便	水様で、固形物を含まない液体状の便

ココを押さえる！

激しい下痢は体力を消耗させ、脱水の危険もあります。全身状態もきちんと確認しながら、肛門周囲のケアなども行いましょう。

(感染源となる吐物や排泄物の処理)

　吐物や排泄物の処理は、処理をする人自身への感染と、施設内への汚染拡大を防ぐため、適切な方法で迅速かつ、確実に行うことが必要です。そのために、適切な処理の手順を覚えておきましょう。

フローチャート： 吐物や排泄物の処理

用意するもの
使い捨て手袋、マスク、ガウンやエプロン、拭き取るための布やペーパータオル、ビニール袋、次亜塩素酸ナトリウム、専用バケツ など

STEP1
汚染場所に関係者以外の人が近づかないようにする

STEP2
処理をする人は使い捨て手袋とマスク、エプロンを着用する

STEP3
吐物は使い捨ての布やペーパータオルなどで外側から内側に向けて、
拭き取り面を折り込みながら静かに拭い取る

**同一面でこすると
汚染を広げるので注意！**

**ビニール袋に0.1%次亜塩素酸ナトリウムを
染み込む程度に入れて消毒する**

STEP4
使用した使い捨ての布やペーパータオルなどはすぐに
ビニール袋に入れて処分する

STEP5

吐物が付着していた床とその周囲を、0.1%次亜塩素酸ナトリウムを
染み込ませた布やペーパータオルなどで覆うか、浸すように拭く

カーペットなどは色が
変色することがある

次亜塩素酸ナトリウムは鉄などの金
属を腐食するので、拭き取って10分
程度たったら水拭きする

STEP6

使用した着衣は廃棄が望ましいが、消毒する場合は下記の手順で行う
①付着した吐物を取り除く（手袋着用）
②熱湯につけるか、0.02%次亜塩素酸ナトリウムに30〜60分つける
③他のものと別に洗濯機等で洗濯する

STEP7

手袋は、付着した吐物が飛び散らないよう、表面を包み込むように裏返して
はずす。手袋は、使った布やペーパータオルなどと同じように処分する

STEP8

処理後は手袋をはずして手洗いをする

そのほかの注意点

●吐物処理後は、調理や配膳などに従事しない
●可能ならば、吐物処理後にシャワーを浴びるのが望ましい

大きく窓を開けて
換気しましょう

喀血でも吐血でも救急車を呼ぶ

喀血・吐血

フローチャート： 急に血を吐いたら

STEP1
- 応援を呼ぶ
- 横向きに寝かせ、衣服をゆるめて安静にする

感染予防のため、**使い捨て手袋**をして対処する

STEP2
- バイタルサインと意識レベルのチェック
- 窒息やショック状態に注意する

STEP3
吐いた量を測る

| コップ半分以上（100ml） | 盃1杯程度（10ml） |

STEP4
- 救急車を呼ぶ
- 心肺停止の場合はAEDを使用する

STEP4
- 主治医に連絡・報告して指示を受ける
- ショック状態の場合は救急車を呼ぶ

フローチャート： 血を吐いたときのケア

STEP1
- 窒息を防ぐ体位で安静にする
- ショック状態の場合はショック体位にして、顔を横に向ける

STEP2
- 体を冷やさないように毛布などをかける
- 衣服や寝具が汚れていたら取り替えるが、無理をしない

STEP3
吐いたものはなるべく早く部屋の外に持ち出し、換気する

STEP4
- 可能なら口腔内をすすいでもらう
- 義歯をつけていれば外す

STEP5
再び嘔吐したときのために、ガーグルベースやティッシュをそばに置く

STEP6
本人の不安が少しでもやわらぐように声かけをする

STEP7
バイタルサインと意識レベルのチェックを継続的に行う

喀血・吐血の原因と考えられる疾患

気管支炎／肺結核／肺がん／胃がん／胃・十二指腸潰瘍／急性胃粘膜病変など

喀血と吐血の違いと疑われる疾患

	出血部位	吐いたものの特徴		疑われる疾患
喀血	肺や心臓	咳や痰とともに出る	真っ赤な色で泡を含んでいる	気管支炎、肺炎、肺がん、肺結核、肺塞栓症、気道異物、心不全、血液疾患など
吐血	食道、胃などの上部消化管	食べ物のカス（食物残渣）が混ざっていることもある	真っ赤な色	食道・胃静脈瘤破裂、胃・十二指腸潰瘍、マロリー・ワイス症候群※1など
			赤黒い色	胃・十二指腸潰瘍、胃がん、急性胃粘膜病変※2など
			コーヒー残渣様	胃がん、急性胃粘膜病変など

※1：急激な嘔吐によって食道が傷ついて出血する
※2：ストレス、薬剤の副作用、刺激物の摂取、食中毒、特定の食物に対するアレルギー反応、肝疾患や腎疾患の影響で出血する。上腹部の強い痛み、吐き気・嘔吐を伴うことが多い

 食道・胃静脈瘤破裂と出血性ショック

　食道・胃静脈瘤破裂とは食道や胃の粘膜の下を走る静脈にコブ（静脈瘤）ができ、それが破裂・出血する疾患です。**静脈瘤ができる原因で最も多いのは肝硬変です。**肝硬変になると肝臓が縮んで硬くなり、肝臓の血流が悪くなります。すると、肝臓に血液を運ぶ門脈という部分の圧が上がり、行き場を失った血液が逆流して血管がでこぼこに膨らんで、静脈瘤ができるのです。静脈瘤が食道の粘膜下にできたら食道静脈瘤、胃の粘膜下にできたら胃静脈瘤です。肝硬変以外に、慢性膵炎や肝がんなどでもできます。

　普段はほとんど無症状ですが、何かの刺激で静脈瘤が突然破裂すると、大量出血して吐血します。内視鏡で治療可能ですが、出血性ショックなどで命を失うこともあります。

静脈瘤を薬剤で固めたり、ゴムバンドでしばる（結紮する）治療を行い、破裂を予防します。

　また、消化管からの大量出血により、ショック状態になることもあります。ショックの程度と、バイタルサイン、出血量の目安は表の通りです。

症状からわかるショックの程度

ショックの程度	脈拍数	収縮期血圧	推定出血量	症状
重度	120回／分以上	60mmHg以下	体重の40～50%	意識障害、呼吸困難、無尿など
中等度	100～120回／分	60～90mmHg	体重の25～35%	蒼白、不穏、反射低下など
軽度	100回／分以下	90mmHg以上	体重の15～25%	手足の冷感、脱力感など

\やったら/
NG

・仰向けにする
窒息を防ぐために、必ず顔を横に向ける

・体を温める、冷やす
極端に温めたり冷やしてはダメ

☑ CheckList
- -

▶ 喀血、吐血以外の症状もチェック

☐ 吐き気、嘔吐　　☐ ショック状態の兆候
☐ 下血　　　　　　➡76ページ
☐ 手足の冷感　　☐ 咳き込み
☐ 意識レベル

吐血したら、血圧や脈拍を継続的にチェックしましょう

ココを押さえる！

血を吐いたことで、介護士もあわててしまうことが多いです。呼吸に影響するほど大量でなければ、緊急でないことも多いので落ち着いて対応しましょう。

ショック状態に注意！

突然の下血・血便

フローチャート： **下血したら**

下血の チェック ポイント
色：鮮紅色、暗赤色、黒い（黒色便、タール便）
血液の量：多量、中等量、少量
性状：水様、コールタール状、ゼリー状、粘液が混ざっている など

STEP1
●腹痛、めまい、顔色、意識消失などを確認
●血便の色と量、性状などをチェック

意識消失あり

意識消失なし

STEP2
●応援を呼び、車いすなどでベッドへ移動
●バイタルサインと意識レベルのチェック

STEP2
●応援を呼び、安静を保てる 場所へ移動
●バイタルサインのチェック

ショック状態

➡74ページ

ショック状態ではない 刺激により意識回復

STEP3
主治医に連絡・報告し、指示を 受ける

STEP3
●ショック体位にする
●救急車を呼ぶ

STEP3
●血圧が低い場合は ショック体位にする
●主治医に連絡・報告 し、指示を受ける

コールタール状の「タール便」

　血便は、赤い色をしているとは限りません。上部消化管（食道、胃、十二指腸）から上行結腸までの間で、比較的量の多い出血があった場合、黒くねっとりした、悪臭を放つ便が出ることがあります。そのような便を「タール便」といいます。見た目が、コールタールという木材の防腐剤として昔使われていた物質に似ていることが名前の由来です。「黒色便」ということもあります。

　タール便は、消化管で大量に出血があった証拠です。主治医に報告して指示を受けましょう。コールタール状でなくても、真っ黒な便の場合は消化管出血の可能性があります。

下血した血の色と出血部位、疾患の推測

色	考えられる出血部位	考えられる疾患
鮮紅色	S状結腸から直腸、肛門	直腸がん、大腸憩室、痔核、裂肛など
暗赤色	小腸の下部から大腸の結腸	大腸がん、感染性腸炎、虚血性腸炎、炎症性腸疾患（潰瘍性大腸炎、クローン病）など
褐色～黒	食道、胃、十二指腸、小腸の上部	食道・胃静脈瘤破裂、胃がん、胃・十二指腸潰瘍、小腸の腫瘍、上行結腸がん、クローン病など

\やったら/
NG

・**主治医の許可なく飲食させる**
飲食は、必ず主治医の許可を得てから

・**下痢止めを飲ませる**
原因がわからなくなってしまうので、主治医の指示なく下痢止めを飲ませない

患者さんの気持ちを落ち着かせてあげましょう

下血で考えられる主な疾患

食道・胃静脈瘤破裂／食道がん／胃がん／大腸がん／虚血性腸炎／大腸ポリープ／痔など

下血の原因になる主な疾患

食道・胃静脈瘤破裂	食道や胃の粘膜の下を走る静脈にコブ(静脈瘤)ができ、それが破裂・出血する
胃・十二指腸潰瘍	胃や十二指腸の粘膜が胃酸の刺激で傷つき、えぐれて出血する。潰瘍が深くなると、比較的多量に出血したり、胃や十二指腸に穴が開くことも(穿孔)。主な原因はピロリ菌と薬剤(抗炎症薬や鎮痛薬など)で、ストレスなどが悪化要因となる
食道がん、胃がん	がんのある部分に潰瘍ができ、出血する。がんのかたまりは、血管が豊富で出血しやすい
小腸の腫瘍	小腸の腫瘍はまれだが、がんができることもある。進行するまで腹痛などの自覚症状はほとんどなく、目に見えない下血(便潜血)が続いて貧血になることがある
小腸や大腸の憩室	腸の壁に憩室という小さな袋ができ、そこから出血することがある。大腸憩室は高齢者にはめずらしくない疾患。憩室に細菌感染して炎症を起こしたり、穴が開くこともある
虚血性腸炎	動脈硬化や、便秘などで腸内の圧が高まったことにより、腸の血流が悪くなって腹痛や下痢、下血が起こる。突然の激しい腹痛で発症し、下痢便が徐々に血便となる。高齢者に多い
感染性腸炎	O157などの出血性大腸菌、カンピロバクターといった細菌の感染による腸炎では、発熱、嘔吐、腹痛、下痢のほかに血便が見られる頻度が高い
炎症性腸疾患(潰瘍性大腸炎、クローン病)	腸に炎症が起こり、潰瘍ができる病気で、免疫の暴走が原因と考えられている。10～20代で発症することが多いが、一度発症すると治癒は難しい
大腸ポリープ	大腸の粘膜にできたイボのようなものをポリープという。がんになるポリープと、そうでないポリープがある
大腸がん	結腸がんと直腸がんをまとめて大腸がんという。S状結腸や直腸にがんがある場合は、鮮紅色の血が便に混じったり(血便)、便の周囲に血がついたり、下血したりする
痔	痔核(いぼ痔)、裂肛(切れ痔)、痔瘻(あな痔)の3タイプがあり、出血が見られるのは痔核と裂肛。排便時に真っ赤な出血がある

痔には3タイプある

　痔が原因の下血は、**鮮紅色（真っ赤）なのが特徴**です。出血した血液が逆流して直腸にたまっていると、排便時に暗赤色のどろっとした血が出ます。

　痔には、痔核（いぼ痔）、裂肛（切れ痔）、痔瘻（あな痔・肛門周囲膿瘍）の3タイプがあり、出血が見られるのは痔核と裂肛です。痔核は、いきみの習慣や便秘など肛門に強い負担がかかったため、肛門のクッションが腫れた状態です。クッションの中は網目状に血管が広がっているので、排便時に傷ついて出血することがあるのです。ぽたぽた血が滴ったり、ある程度多い量の血がシャーッと出たりもします。裂肛は、硬い便や頻回の下痢などで肛門が切れた状態。ほとんどは、拭いた紙につく程度の出血です。また、下血や血便は少しずつでも続くと、徐々に貧血となります。原因不明のだるさや動悸、息切れ、顔面蒼白、頭痛、耳鳴りなどがあり、血液検査をしたら極度の貧血で、原因は大腸がんだったという例もあります。真っ黒な便が出る場合は気をつけましょう。

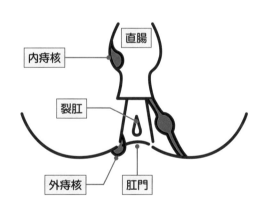

直腸

内痔核

裂肛

外痔核　　肛門

☑ CheckList

▶ **下血以外の症状もチェック**

☐ 腹痛、腹部膨満感

☐ 下痢

☐ 吐き気、嘔吐

☐ 足の冷感

☐ 意識レベル

☐ ショック状態の兆候 ➡76ページ

ココを押さえる！

便器が血で真っ赤になると利用者自身も動揺します。不安を鎮める声かけを行い、応援を呼んで対応するなど落ち着いて行動しましょう。

誤嚥による呼吸困難

ものを吐き出せず、意識がないときは危険

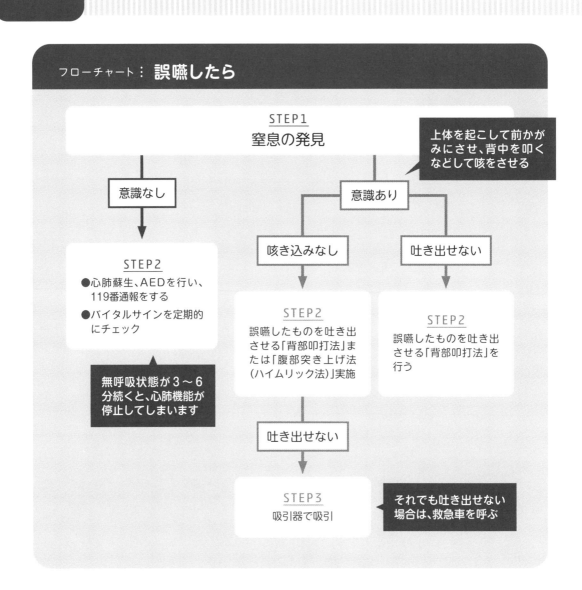

フローチャート： 誤嚥したら

STEP1
窒息の発見

上体を起こして前かがみにさせ、背中を叩くなどして咳をさせる

意識なし

意識あり

咳き込みなし

吐き出せない

STEP2
- 心肺蘇生、AEDを行い、119番通報をする
- バイタルサインを定期的にチェック

無呼吸状態が3〜6分続くと、心肺機能が停止してしまいます

STEP2
誤嚥したものを吐き出させる「背部叩打法」または「腹部突き上げ法（ハイムリック法）」実施

STEP2
誤嚥したものを吐き出させる「背部叩打法」を行う

吐き出せない

STEP3
吸引器で吸引

それでも吐き出せない場合は、救急車を呼ぶ

背部叩打法
（はいぶこうだほう）

利用者の後ろから、左右の肩甲骨の間を、手のひらの付け根で力強く何度も叩く

腹部突き上げ法（ハイムリック法）

STEP1
利用者の後ろから、ウエスト付近に右手をまわす

STEP2
右手でヘソの位置を確認

STEP3
左手で握りこぶしをつくり、親指側を利用者のヘソの少し上（みぞおちよりも下）に当てる

STEP4
右手で握りこぶし（左手）を握り、手前上方に向かって突き上げる

☑ CheckList

▶ **救急隊や医療職に伝えること**

☐ 何を、いつ誤嚥したのか
☐ 呼吸をしているか
☐ ゼーゼー、ヒューヒューという音がしないか
☐ 咳き込みはあるか

☐ 顔面蒼白かどうか
☐ チアノーゼの有無
☐ 意識レベルはどうか

\やったら/
NG

・**口から指を入れて取ろうとする**
詰まったものをさらに奥へ押し込んでしまうことがある

・**掃除機で吸う**
ほとんど効果はなく、かえって危険

呼吸が苦しそうなときはどうする❓

呼吸が苦しいときは、不安が強くなります。背中をさすり、声かけをしながらゆっくりと呼吸をさせるなど、不安の除去に努めましょう。

「気道異物による窒息」とは

　食べ物などが気道に詰まり、息ができなくなった状態を「気道異物による窒息」といいます。**窒息状態になった人は、親指と人差し指でのどをつかむ仕草をします**（つまり、自分で首を絞めているように見える状態）。この特有の仕草は、「窒息のサイン（チョークサイン）」と呼ばれます。窒息のサインに気づいたら、すぐに104ページの対応をしましょう。

「完全閉塞」と「不完全閉塞」

　気道異物による窒息には、食べ物などで気道が完全にふさがってしまう「完全閉塞」と、気道の一部がふさがる「不完全閉塞」があります。

　完全閉塞の場合は、呼吸ができなくなり、咳や声も出ません。呼吸ができないため、チアノーゼが出現し、胸とおなかが交互に膨らんだりへこんだりすることもあります。

　不完全閉塞の場合は、呼吸がしにくくなり、咳が出たり声が枯れたりします。積極的に咳をさせることで、詰まったものが飛び出すのを促すことができますが、詰まったものが奥に移動して完全閉塞になってしまうことも。咳が弱くなったり、咳ができなくなったら104ページの流れに従って対応しましょう。

気道異物による窒息による死亡事故

　気道異物による窒息で死亡する人は、毎年全国で8000人前後を数えます。発生は12月から1月に多くみられ、その多くが65歳以上です。

　高齢者がのどに詰まらせやすいものは、野菜や果物、おかゆ類、肉（ステーキなどのかたまり肉）、パン、ご飯、餅などです。

　東京都消防庁のまとめでは、上記のほかにもさまざまなものが原因で「窒息・誤嚥」が起こっています。

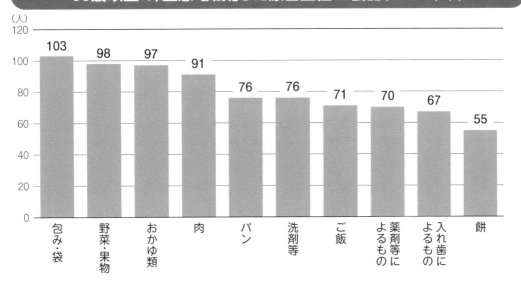

65歳以上の「窒息・誤飲」した原因上位10製品（2023年中）

（人）

製品	人数
包み・袋	103
野菜・果物	98
おかゆ類	97
肉	91
パン	76
洗剤等	76
ご飯	71
薬剤等によるもの	70
入れ歯によるもの	67
餅	55

※令和3年のデータを使用

出所：東京消防庁「高齢者の日常生活事故」より編集部作成

ココを押さえる！

 誤嚥は予防が何よりも大切ですが、やむなく起こってしまうこともあります。誤嚥、窒息への対応と、背部叩打法や腹部突き上げ法を習得しておきましょう。

けがの状態を確認して適切に対処

転倒・転落による頭部打撲、骨折

フローチャート： 転倒・転落したら

STEP1
呼びかけて意識の有無を確認し、応援を呼ぶ

STEP2
● 意識レベルとバイタルサインをチェック
● 痛みや出血の有無、体の不自然なゆがみの有無を確認

意識レベル低下、血圧低下、呼吸困難や呼吸停止

意識、血圧、呼吸に異常なし

STEP3
救急車を呼ぶ

STEP3
● 担架やストレッチャーで安静を保てる場所に移動
● 手足の動きを確認
● 主治医に連絡・報告し、指示を受ける

頭を強く打っている場合の対応

　頭や首、背中を打っている場合、首の骨（頸椎）を損傷している可能性があるため、頭を動かしてはいけません。

　また、強く打ったことによってコブができていたら、氷のうなどで冷やしましょう。コブは皮下に血液がたまった状態（皮下血腫）なので、冷やすことで皮下の出血を最小限に抑えることができます。

　頭を強く打つと、頭蓋骨のすぐ内側にある硬膜内側で出血が起こることがあり、硬膜と脳の間に血液がたまり、脳を圧迫してしまいます。**頭を打った後、症状が比較的すぐに現れる「急性硬膜下血腫」と、3週間以上経過してから現れる「慢性硬膜下血腫」**があります。本人が「大丈夫」と思っていても、病院で検査をしましょう。

「脳震とう」とは

　頭を強くぶつけたときに、脳が衝撃を受けることです。症状は、頭痛、めまい、ふらつき、力が出ない、集中できないなど。必ずしも意識を失うわけではなく、**脳震とうの9割以上は発症していても意識を失っていません。**そのため、脳震とうが起こったことに気づかないこともあります。転倒や転落で頭を強く打った場合は、意識があっても脳震とうを起こしている可能性があるので、安静を保ち、主治医に連絡・報告しましょう。

\ やったら /
NG

・**意識があり動けるから大丈夫と判断**
脳震とうが起こっていたり、頭蓋骨の内側（硬膜下）で出血していることも

・**頭を打っておらず、痛みも強くないので大丈夫と判断**
高齢者の場合、骨折していても強い痛みを訴えないことも。とくに認知症の人は注意が必要

☑ C h e c k L i s t
- -

▶ **硬膜下血腫の症状**

☐ 意識障害
☐ だんだん頭痛が強くなる
☐ 嘔吐を繰り返す
☐ 歩くときにふらつく
☐ 認知症のような症状
☐ 失語症　など

骨折の症状

強い痛み／腫れ／変形／手足の脱力やしびれなど

骨粗鬆症と骨折した場合の対応

　骨粗鬆症は骨がもろくなる病気で、80歳以上の女性の2人に1人、男性は3人に1人がかかっているといわれています。骨粗鬆症になると、小さな外力でも骨折しやすく、とくに背骨、太ももの付け根（大腿骨頸部）、肩、手首に多く発生します。

　骨折が疑われる場合の応急処置の基本は、「保護」「安静」「冷却」「圧迫」「挙上」です。それぞれの英語の頭文字を取って「PRICE」といいます。

　施設の場合は、安静、冷却、挙上を行い、救急車の到着や、医師の指示を待ちましょう。

骨折が疑われるときの応急処置の基本「PRICE」

応急処置の基本	目的
Protection：保護	装具やシーネ（添え木など）で患部損傷を保護し、再受傷や悪化を防ぐ
Rest：安静	患部の安静を保ち、悪化を防ぐ
Ice：冷却	痛みをやわらげ、異常な筋肉の緊張を改善する
Compression：圧迫	患部の内出血や腫れを抑える
Elevation：挙上	患部を心臓よりも上に挙げ、むくみの軽減を図る

時間が経ってから症状が
出てくる場合もあります

患部によって損傷や症状が出ることもある

　胸部には心臓や肺、大動脈といった重要な臓器が収まっています。これらの臓器は肋骨で守られていますが、衝撃が強いと損傷することがあります。また、高齢者は骨粗鬆症の影響もあって骨折しやすく、折れた肋骨によって臓器が傷つくこともあります。

　胸部打撲で起こりやすいのは、肋骨骨折、気胸（65ページ）、大動脈の損傷、心停止などです。強い痛みや呼吸苦、ショック（74ページ）などの症状に注意しましょう。

　また、転倒や転落によって、脱臼（関節が外れること）が起こることもあります。肩、肘、腰、ひざなどで起こりやすいですが、体中どこの関節でも起こり得ます。症状は、関節の激痛、変形、しびれ感、脱力感などです。背骨や股関節が痛む場合は、自身の判断で車いすを使ってはいけません。**車いすや椅子に座ることで、骨の位置がずれたり、症状を悪化させることがあります。**患部を安静にして冷やし、救急車の到着や医師の指示を待ちます。

☑ CheckList

- -

▶ **骨折したときの対応**

☐ 痛みの除去に努めたか
☐ 止血をしたか
☐ バイタルサインを確認したか
☐ 骨折部位だけではなく全身を観察したか
☐ 現在飲んでいる薬を把握したか

▶ **頭を強く打っている場合**

☐ 意識レベル　　☐ 四肢のしびれ
☐ けいれん　　　☐ 眠気
☐ 頭痛
☐ 吐き気や嘔吐

ココ を押さえる！

認知症のある人などでは、受傷した状況や症状を明確に伝えられないこともあります。全身状態や患部の状態を詳細に確認し、見落としを防ぎましょう。

「まず冷やす」が原則

やけど

フローチャート：**やけどしたら**

STEP1

- ●冷やす（衣服に覆われている部分は衣服の上から）
- ●狭い範囲のやけど→水道水で冷やす
- ●広い範囲のやけど→浴室のシャワーで冷やす

※深いやけどや、範囲が広いやけどの場合は、冷やしながら救急車を呼ぶ

注意!

- ・最低5分から30分、痛みがなくなるまで冷やすが、過度の冷却で低体温症にならないように注意する
- ・衣服の下にやけどがある場合は、まず衣服の上から冷やし、その後に脱がせる
- ・衣服が張り付いている場合は脱がせない。無理に脱がすと皮膚がはがれてしまう
- ・薬品（漂白剤など）の場合は、汚染された衣服を脱がせる ➡115ページ

STEP2

- ●やけどの部位と範囲、皮膚の状態を確認
- ●何によるやけどか確認

  熱湯？　蒸気？　火？　電気？　熱い物体？　薬品？

湯たんぽやホットカーペットによる低温熱傷にも注意しましょう

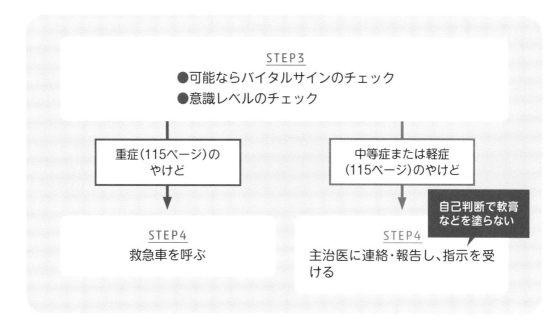

STEP3
- ●可能ならバイタルサインのチェック
- ●意識レベルのチェック

重症（115ページ）の やけど	中等症または軽症 （115ページ）のやけど

自己判断で軟膏
などを塗らない

STEP4
救急車を呼ぶ

STEP4
主治医に連絡・報告し、指示を受ける

冷やしてやけどの進行を止める

やけどは初期対応が肝心です。やけどした部分を冷やさないでいると、熱が皮膚の奥に伝わり、やけどが深くなります。冷やすことによってそれを食い止め、痛みも抑えることができます。体の部位や年齢にもよりますが、**冷やす時間は最低5分から30分が目安**です。長時間にわたり広範囲を冷やすと低体温になり、意識障害や不整脈を起こすことがあります。患部以外は毛布などで保温しましょう。

＼やったら／
NG

・服を脱がせて冷やす
薬品の場合を除き、衣服の上から冷やす

・氷で冷やす
水道水で十分。氷を長時間当てると凍傷になることも

やけどの重症度によって
適切な処置をします

やけどの重症度

やけどの重症度は、深度（深さ）と面積（広さ）で判断します。やけどの深度は3段階に分けられ、面積は〇%と表します。

面積は、やけどの範囲が狭い場合、手のひら1枚を1%として表します。たとえば、手のひら2枚分の範囲のやけどであれば、約2%となります。

やけどの範囲が広い場合は、「9の法則」で、だいたいの面積を把握しておきましょう。頭、胸、腹など、おおよそ1部位が9%です。両下肢全体のやけどの場合は、片下肢の表で9%として数えるので、約36%となります。

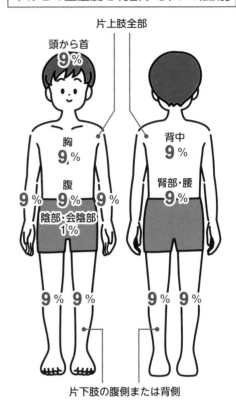

やけどの重症度を判断する「9の法則」

やけどの深度と症状

深度		皮膚の色	皮膚の状態	知覚
I度		赤い	乾燥	痛み、灼熱感、知覚過敏
II度	浅	うす赤い	皮膚の表面が湿潤（ジュクジュクしている）、水泡（水ぶくれ）	強い痛み
	深	やや白っぽい		痛みは軽い
III度		ロウのように白い、黄色〜赤茶色、黒い	硬い、炭のように焦げた状態	痛みはない

やけどの重傷度と治療の目安

重症度	やけどの深度と面積	治療の目安
重症	Ⅱ度のやけどが30%以上、またはⅢ度のやけどが10%以上	入院治療
	顔、手、陰部など、特殊部位のやけど	
	気道熱傷（熱い空気や蒸気を吸い込んだことによる熱傷）、化学熱傷（薬剤等によるやけど）、電撃症（感電）	
中等症	Ⅱ度のやけどが15～30%、またはⅢ度のやけどが2～10%（顔、手、陰部以外）	
軽症	Ⅱ度のやけどが15%未満、またはⅢ度のやけどが2%未満	外来治療（高齢者の場合は、状態により入院が必要になることもある）

※Ⅰ度のやけどは軽症と考えて差し支えない

化学熱傷の場合は衣服を脱がせる

　化学熱傷とは、薬剤などの化学物質による、皮膚や粘膜の損傷です。工場や実験施設で起こることが多いですが、家庭などでも消毒液や漂白剤、洗剤などが眼に入ったり、誤って飲んしまったりする事故が起こることがめずらしくありません。**化学熱傷は、熱によるやけどよりも皮膚・粘膜の深くまで影響が及びやすいので、注意が必要です。**

　救急車が到着するまでの間に、応急処置を行いましょう。

　皮膚が損傷した場合、化学物質で汚染された衣服をすぐに脱がせ、やけどした部分を流水で20 ～ 30分洗い流します。化学物質が眼に入った場合は、流水で10分以上洗いましょう。また、化学物質を飲んでしまったら、水で口をすすぎ、コップ1杯の牛乳（または水）を飲ませましょう。吐かせてはいけません。

水疱はつぶさない！

　やけどでできた水疱は、つぶさないようにしましょう。**つぶしてしまうと、その傷から雑菌が入り込んで化膿してしまう危険がある**からです。自然につぶれてしまったら看護師や医師に報告し、対応してもらいましょう。

溺水

フローチャート：**溺れたら**

STEP1
顔を上に向けて水面から出し、応援を呼ぶ

STEP2
呼吸と反応を確認する

STEP3
浴槽内で溺れた場合は、体を浴槽から引き出す

STEP4
●回復体位にし、口の中に水がたまっていれば口外に出す
●呼吸の有無と意識レベルをチェック

呼吸停止、意識消失	呼吸がある、意識がある

STEP5
●心肺蘇生・AEDを行い、救急車を呼ぶ
●体の水分を拭き取り、タオルケットなどでくるんで保温

STEP5
●体を横向きにする
●体の水分を拭き取り、タオルケットなどでくるんで保温
●必要に応じて救急車を呼ぶ

溺水の応急手当の注意点

溺水した利用者の応急処置にあたるときは、以下の点に注意しましょう。

・飲み込んだ水は無理に吐かせないようにしましょう。自然に排出されます。

・肺に入った水は、腹部を押すなどして**無理に吐かせる必要はありません**。

・意識があり、軽症に見えても、肺に水が入り込んでいることがあります。また、飲み込んだ水が汚かったりすると、後で肺炎や呼吸障害が起こることがあるため、必ず医療機関を受診しましょう。

・溺水をしたことにより、本人は恐怖を感じ、パニックになっているので、不安を軽減する声かけを行いましょう。

☑ C h e c k L i s t

▶ **溺水したときの対応**

☐ 応援を呼び安全な場所に移動
☐ 意識レベルの確認
☐ 保温に留意する
☐ 声かけをして不安を取り除くことに努める
☐ 呼吸をしていないときは、心肺蘇生をする

▶ **バイタルサイン以外もチェック**

☐ 意識レベル　　　　　☐ 水を吐いたか、
☐ 顔色　　　　　　　　　　　むせているか
☐ チアノーゼ
☐ 打撲などけがの有無
☐ 入浴時間

＼やったら／
NG

・**水を無理に吐かせる**
胃から逆流した水が気管に入り込む危険がある

・**胸部が濡れたままAEDを使用**
電気ショックが有効でなくなるので、必ず水分を拭き取る

必要に応じて救急車を呼びます

ココを押さえる！

 溺水は、いうまでもなく予防が大切。万が一事故が起こった場合は、少しでも早く水中から顔を引き上げ、回復体位にしましょう。

できるだけ早く体を冷やす

熱中症

フローチャート： 熱中症かも

STEP1

重症度により
対応は異なる！

症状をチェック
Ⅰ度：めまい、大量の汗、あくび、筋肉痛、こむら返り
Ⅱ度：頭痛、嘔吐、だるさ、脱力感、集中力や判断力の低下
Ⅲ度（重症）：意識障害、けいれん、手足を動かせない、発熱（高体温）

Ⅲ度

STEP2
- ●救急車を呼ぶ
- ●涼しい場所に移し、衣服をゆるめて体を冷やす
- ●バイタルサインと意識レベルのチェック

Ⅰ度やⅡ度でも、**水分の経口摂取ができない場合**や、応急処置で症状が**改善しない場合**、悪化していく場合は救急車を呼びましょう

Ⅰ度、Ⅱ度

STEP2
- ●涼しい場所に移し、衣服をゆるめて体を冷やす
- ●バイタルサインと意識レベルのチェック

STEP3
経口補水液などで水分と塩分を補給

Ⅱ度は**医療機関**での治療が必要

STEP4
主治医に連絡・報告

熱中症に効果的な体の冷やし方

氷のうやアイスパック、冷水で絞ったタオルなどで、両側の首筋、脇の下、脚の付け根（そけい部）を冷やします。これらの部位は、大きな動脈が皮膚の浅いところにあるので、効率よく全身を冷やすことができます。

衣服から出ている部分の皮膚を濡らし、うちわなどであおぐことも、体を冷やすのに有効です。また、熱中症の人を発見した場合にとる基本行動は「FIRE」で覚えましょう。

熱中症の人を発見したときの基本行動「FIRE」

基本行動	対応
Fluid:適切な水分補給	水と一緒に塩分を摂取することが重要
Icing:体を冷やす	大きな血管が通っている部分を冷やすと効果的
Rest:安静	日のあたらない場所で休息をとる
Emergency:救急搬送	救急車を呼ぶ

冷やすと効果的な部位

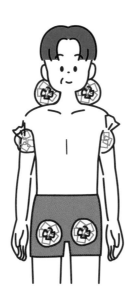

\やったら/
NG

・症状が軽いので
 翌日まで様子観察
症状が徐々に改善しなければ医療機関を受診する

・水やスポーツドリンクを
 大量に飲ませる
経口補水液を少しずつ飲ませる

冷却シートは熱中症時の対応には不向きです

熱中症の重症度は3段階

　熱中症には3段階の重症度があります。

　Ⅰ度では、めまいや大量の汗をかくなど、軽い症状が表れます。症状が徐々に改善していれば、現場の応急処置と見守りのみで問題ありません。しかし、**応急処置で改善が見られない場合は、すぐに病院へ搬送しましょう。**

　Ⅱ度で頭痛や嘔吐などの症状が見られる場合は、病院での治療が必要となってきます。

　Ⅲ度か否かは救急隊員や、病院での診察・検査により診断されます。

重症度別の症状と治療法

重症度	症状	治療
Ⅰ度	めまい、大量の汗、あくび、筋肉痛、こむら返り	涼しい場所で安静、体を冷やす、水分と塩分の補給
Ⅱ度	頭痛、嘔吐、だるさ、脱力感、集中力や判断力の低下	医療機関での治療が必要→体温管理、安静、十分な水分と塩分の補給（経口摂取が難しい場合は点滴）
Ⅲ度（重症）	意識障害、けいれん、手足を動かせない、発熱（高体温）	入院治療（場合により集中治療）が必要

 熱中症予防に「暑さ指数」を活用

　暑さ指数（WBGT）とは、熱中症を予防することを目的にアメリカで開発された指標です。熱中症の発症に影響する①湿度、②日射・輻射、③気温をもとに算出されます。**環境省の「熱中症予防情報サイト」（http://www.wbgt.env.go.jp/）が、暑さ指数の無料メール配信サービスを行っています**（秋から春にかけては情報提供を行っていません）。また、暑さ指数計が市販されています。

脱水と熱中症の関係

　気温の高い場所にいると汗をかきますが、それは体温を一定に保つためです。汗が蒸発するときに体表の熱も奪われるため、体温の上昇を抑えられるのです。しかし、たくさん汗をかくなどして体内の水分量が減り、脱水になると、体はそれ以上水分が失われないように発汗をストップさせてしまいます。その結果、体温を下げられなくなり、体温は上昇します。熱中症になり、重症の場合は臓器がダメージを受けます。

　熱中症の予防策として**水分補給が有効なのは、脱水を予防することにより発汗がストップするのを防ぐことができるからです。**

水分だけでなく塩分の補給も必須！

　熱中症では、水分だけでなく塩分などの電解質も足りなくなっていることがほとんどです。脱水症や熱中症で見られる頭痛や嘔吐、意識障害などの症状は、塩分の不足も影響しています。

　補給はスポーツドリンクでもよいですが、塩分量が少なく糖分が多いため、**よりバランスのよい経口補水液が理想的**です。また、1Lの水に1〜2gの塩と大さじ2〜4杯の砂糖を加えたものも、効率よく水分と塩分が補給できます。これらが近くにないときは水を少しずつ（約50ml）飲ませましょう。

☑ CheckList

▶ **バイタルサイン以外の症状もチェック**

□ めまい
□ 大量の汗
□ トイレの回数（尿量の減少）
□ あくび
□ こむら返り
□ 頭痛、嘔吐
□ 脱力感
□ けいれん
□ 意識障害

ココを押さえる！

 意識障害やけいれんが起こるほど重症の場合は、すぐに救急車を呼びます。熱中症はいうまでもなく予防が基本ですが、もしもの場合に備えておきましょう。

〔 「老衰」で亡くなる人が増えている 〕

「老衰」の医学的定義は明確ではありませんが、死亡診断書の死因に「老衰」と書けるのは、「高齢者でほかに記載すべき死亡原因がない、いわゆる自然死」と医師が判断した場合です。

　大往生ともいわれる老衰死は戦後減り続けていましたが、高齢者人口が増えた影響で15年ほど前から増加に転じ、2015年の統計でははじめて7万人を超えました。死因別統計では、平均寿命（男性80.5歳、女性86.8歳）あたりから老衰死が増え、100歳以上の人の死因では1位となっています。

　老衰死に至る場合の特徴は、だんだん食べられなくなり、体重が減っていくことです。食べ物を受けつけず、食べたとしても腸の細胞が減少して栄養を吸収することができなくなるのです。

本人の意思を尊重した最期

「人生の最期は苦しまずに安らかに」というのは誰もが願うことです。厚生労働省は、従来「終末期医療」としてきた表現を「人生の最終段階における医療」に変更しましたが、この背後には、最後まで人間の尊厳を守る医療を目指すという考え方があります。

　緩和ケアでは、「何もしないで、そばにいてあげなさい（Not doing, but being）」というシシリー・ソンダースの言葉が広く受け入れられています。現実から目を背けず、ありのままを受け入れることが、安らかな最期を迎えるために大切なのではないでしょうか。誰にでも命の終わりはいつか必ず訪れるのですから。

PART 3

まず現場で対応・
急変時対応

食欲がない

フローチャート： 食欲がなかったら

STEP1
どのように食欲がないのか詳しく聞く
「おなかがすかない」「食べられない」「食べる気がしない」「ムカムカする」など

STEP2
● いつ頃から食欲がないか、可能なら本人に聞く
● 食事の摂取量を、日をさかのぼって確認する

吐き気や下痢、発熱、脱水、口腔内トラブル、頭痛、めまいなどの症状がないか、最終排便の日と量を確認

STEP3
● バイタルサインと食欲不振以外の症状をチェック
● 体重の変化を確認

体重減少や食欲不振以外の症状がある

体重減少や食欲不振以外の症状はない

STEP4
早めに主治医に連絡・報告して指示を受ける

STEP4
1～2日様子を見て、改善しない場合は主治医に連絡・報告して指示を受ける

食欲不振を起こす主な疾患

	疾患名	食欲不振以外の症状
消化器疾患	胃炎、胃・十二指腸潰瘍	みぞおちの痛みや不快感、胸焼け、ムカつき、胃もたれなど
	逆流性食道炎	げっぷ、胃もたれなど。逆流した胃液が気管に入り込み、咳が出ることもある
	機能性ディスペシア	胃の運動機能が低下して、胃もたれなどが起こる
	肝炎	だるさ、吐き気、黄疸(皮膚や白目が黄色くなる)など
消化器以外の疾患	甲状腺機能低下症	全体的に元気がない、声のかすれ、皮膚の乾燥、足のむくみなど
	うつ病	気分の落ち込み、集中力の低下、イライラ、頭痛、不眠など
	がん全般	だるさ、体重減少など。がんのある場所により、症状は異なる
	心不全	だるさ、息苦しさ、むくみなど
	インフルエンザなどの感染症	発熱、咳、筋肉痛、関節痛、だるさなど
	夏バテ	だるさ、不眠、気力の低下など

サルコペニアとフレイル

「サルコペニア」は筋肉量が減り、筋力や身体機能が低下している状態、「フレイル」は加齢に伴い体の予備能力が低下して、健康障害を起こしやすくなった状態のことです。**高齢者が食べられなくなると、低栄養(栄養不足)になってサルコペニアを招き、活力もなくなってフレイルが進むという悪循環に陥っていきます。**活動量が低下すれば、廃用症候群の危険も増します。

高齢者の食欲低下には、体調や病気、認知機能や口腔内の問題などが複雑に関係していることがあります。これらを総合的に意識しながら、なぜ食べられないのかを評価していきます。

ココを押さえる！

食欲がなく、水分もあまり摂れないときは脱水の危険が高まります。水分が摂れないときは早めに医師に相談しましょう。

加齢とともに増え、重症の便秘になることも

便が出ない

フローチャート： 便が出なかったら

排便が3日に1回以下が便秘の目安。ただし1日のうちに排便が数回あっても、カチカチの硬い便が少しずつしか出なければ便秘にあたる

STEP1

- ●便秘の期間を確認
- ●食事の摂取量や活動量を確認

STEP2

- ●おなかの張りや腹痛、吐き気など、便秘に伴う症状を確認
- ●便意がないのか、便意があっても出ないのかを確認

STEP3

腹部のマッサージなど、排便を促すケアを行う

排便なし

排便あり

STEP4

医師に連絡・報告して指示を受ける

STEP4

- ●便の性状や量を確認し、記録する
- ●便秘予防のケアを継続的に行う

便秘の種類

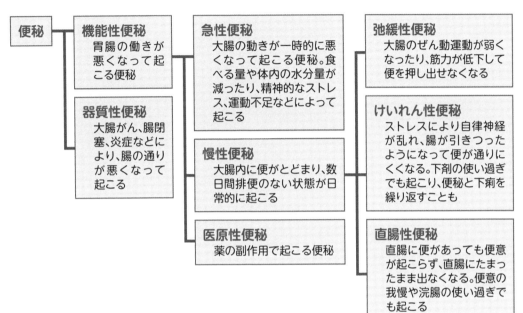

| | 機能性便秘 | 急性便秘 | 弛緩性便秘 |

便秘
┣ 機能性便秘
　胃腸の働きが悪くなって起こる便秘
┣ 器質性便秘
　大腸がん、腸閉塞、炎症などにより、腸の通りが悪くなって起こる

機能性便秘
┣ 急性便秘
　大腸の動きが一時的に悪くなって起こる便秘。食べる量や体内の水分量が減ったり、精神的なストレス、運動不足などによって起こる
┣ 慢性便秘
　大腸内に便がとどまり、数日間排便のない状態が日常的に起こる
┗ 医原性便秘
　薬の副作用で起こる便秘

慢性便秘
┣ 弛緩性便秘
　大腸のぜん動運動が弱くなったり、筋力が低下して便を押し出せなくなる
┣ けいれん性便秘
　ストレスにより自律神経が乱れ、腸が引きつったようになって便が通りにくくなる。下剤の使い過ぎでも起こり、便秘と下痢を繰り返すことも
┗ 直腸性便秘
　直腸に便があっても便意が起こらず、直腸にたまったまま出なくなる。便意の我慢や浣腸の使い過ぎでも起こる

 ## 高齢者に多い嵌入便（かんにゅう）

　直腸性便秘のひとつで、便が肛門付近まで来ているのに出しきれず、大きなかたまりになっている状態。下剤を使ってもこのかたまりは残り、その隙間を水様便が通ってゆるんだ肛門から漏れ出します。**寝たきりの人に起こりやすい重症の便秘**です。浣腸や摘便が必要になるので、医師に報告し、医療職に対応してもらいましょう。

ココを押さえる！

 便秘は高齢者のQOLを低下させ、認知症の行動・心理症状を悪化させることもあります。また便秘が夜間せん妄の原因となります。

高齢者のQOLを著しく低下させる

尿が出にくい

フローチャート： 尿が出にくかったら

STEP1
●まったく出ないか、出る量が少ないのか確認
●尿漏れの有無も確認

STEP2
●下腹部の張りや痛み、不快感などの症状を確認
●尿が出ない場合は、下痢や嘔吐、発熱、熱中症に
　よる脱水症状の有無も確認

STEP3
●排尿回数と量を確認
●食事と水分の摂取量を確認

STEP4
主治医に連絡・報告して指示を受ける

高齢者に尿のトラブルは
よくあることです

排尿障害の種類と原因

排尿障害は、尿が出にくくなる「排出障害」と、膀胱に尿をためられなくなる「蓄尿障害」に分けられます。

排尿障害から考えられる疾患

	症状	理由	原因疾患
排出障害	尿が出にくくなる(排尿困難：残尿感、排尿感、尿痛下)	膀胱の筋肉が縮む力が弱くなる	糖尿病性神経障害、腰椎椎間板ヘルニア、腰部脊椎間狭窄症、直腸がんや子宮がんの手術など
		膀胱の出口が狭くなる	前立腺肥大症、前立腺がん、尿道狭窄など
蓄尿障害	尿がためられなくなる(尿失禁・頻尿)	膀胱の筋肉が過剰に活動する	過活動膀胱、膀胱の容量が小さくなる(縮む)など
		膀胱の出口がゆるくなる	過活動膀胱、膀胱の弾力性の低下など
		尿道を締める力が弱くなる	尿道括約筋不全、尿道過活動など

 ## 尿がまったく出なくなる「尿閉」とは

膀胱に尿がたまっているのに、膀胱の出口が開かない、あるいは膀胱が縮まらず尿を押し出せないために、尿がまったく出なくなってしまうことがあります。**尿閉は男性に多く、前立腺肥大症のある人が、長時間座ったり、お酒を飲んだりした後に起こりやすくなります。**咳止めや風邪薬、安定剤、不整脈の薬の副作用としても起こります。

\やったら/
NG

・下腹部を強く刺激する
強く押すなどして刺激すると、膀胱が破裂することがある

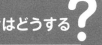
尿がたまっているときはどうする

尿閉のときなど、膀胱にたくさん尿がたまっていると思われるときは、導尿して尿を出す必要があります。すぐ医師に報告しましょう。

長引く咳は結核や咳喘息の可能性も

咳が出ている

フローチャート： 咳が続いたら

STEP1
湿った咳か、乾いた咳か、痰の有無を確認

STEP2
バイタルサインのチェック

STEP3
いつ頃から咳が出ているか、どんなときに咳が出やすいかなどを、本人から詳しく聞く
（本人に聞くことができなければ、記録を確認し、スタッフから詳しく聞く）

STEP4
●咳が激しい場合は、すぐに主治医に連絡・報告して指示を受ける
（バイタル、呼吸困難やチアノーゼはあるか、胸痛はあるか、咳や痰の状態、鼻水やのどの痛みの有無、ヒューヒューやゼーゼーなどの喘鳴はあるかどうかを報告する）

●軽度の咳でも、2週間以上咳が続く場合は報告する

➡結核チェックリストは133ページ

長引く咳の原因として考えられる疾患

咳が長引く場合に考えられる疾患は、さまざまです。季節によって変化する喘息や、副鼻腔気管支症候群、胃食道逆流症など。このほかにも、肺がんや結核などが考えられます。咳が長引いている場合は、放置せずに受診を検討しましょう。

長引く咳で考えられる疾患とその特徴

疾患	特徴
咳喘息（せきぜんそく）	夜から朝方にかけて悪化する（眠れないほどの咳が出て起座呼吸※1になる）、季節によって変化する
アトピー喘息	季節によって変化する、のどのイガイガ感やかゆみがある、花粉症などアレルギー疾患がある
副鼻腔気管支症候群	慢性副鼻腔炎※2の既往・症状がある、膿のような痰が出る
胃食道逆流症（逆流性食道炎）	胸やけなどの症状がある、会話中や食後あるいは起床直後に悪化、体重増加に伴う悪化、亀背（きはい）（背中や腰が曲がっていること）がある
感染後咳嗽（がいそう）	風邪や咽頭炎が原因で始まった咳。比較的短い期間で自然に治る傾向がある
慢性気管支炎	喫煙している人に見られる湿った咳
降圧薬（ACE阻害薬）による咳	夜に空咳が続く。のどの狭窄感、違和感もある
肺がん	咳、痰、血痰、発熱のほかに、進行すると呼吸困難や胸痛がある
肺結核	咳、痰、微熱、全身のだるさなどが2週間以上続く。息苦しさ、食欲低下、体重減少、血痰などが見られることもある
慢性閉塞性肺疾患（COPD）	労作時呼吸困難や慢性の咳、痰が見られる
心不全	息切れやむくみ、体重増加が見られる。肺炎と合併することが多い

※1 呼吸困難が臥位で悪化し、起座位または半座位で軽減する状態
※2 かつては蓄膿症といわれた。症状は黄色い鼻水、鼻づまり、のどに痰が絡む、頬が痛い、頭が重い、口が渇く、いびきなど

ココを押さえる！

 咳喘息は最近急増している疾患です。放置すると、気管支喘息に移行することも。気管支喘息の重い発作は命にかかわるので、早期発見・早期治療が重要です。

食欲低下などにも気をつけて脱水を防ぐ

微熱が続いている

フローチャート： 微熱が続いていたら

STEP1
●平熱との差を確認
●微熱が続いている期間、1日のなかでの熱の変化を確認

STEP2
バイタルサインのチェック

・食欲の有無、活気の有無、水分摂取の状況、尿の量や性状
・咳、痰、だるさ、発疹、便秘、嘔吐や下痢の有無 など

熱以外の症状を確認

STEP3
●熱による苦痛の訴えがある場合は、頭を氷枕や氷のうで冷やす
●悪寒が治まったら(熱が上がりきったら)熱を測る
●汗をかいていたら着替えさせる

STEP4
主治医に連絡・報告して指示を受ける

体温の変動と高齢者の発熱

　人の体温は1日のなかで変化します。早朝が最も低く、夕方が最も高くなります。高齢者は一般的に変動の幅が小さいですが、熱が出る場合はやはり夕方の方が熱が高くなります。しかし、微熱が続いたり、微熱を繰り返す場合には気をつけましょう。普通の大人や子どもが高熱を出す疾患でも、高齢者の場合、微熱どまりのことがあります。**微熱が続くときや、いったん下がっても再び微熱が出る場合は、体のどこかに炎症があると考えられます。**とくに、膀胱留置カテーテルが入っている人や、嚥下機能が低下している人の微熱には注意が必要です。

症状が微熱のみのときに考えられる疾患（高齢者の場合）

感染症	肺炎、誤嚥性肺炎、肺結核、腎盂腎炎などの尿路感染症、心内膜炎、脳炎や髄膜炎、関節炎など
悪性腫瘍（がん）	血液のがんを含むがん一般
自己免疫疾患、膠原病	関節リウマチ、リウマチ性多発筋痛症、側頭動脈炎、SLE（全身性エリテマトーデス）など
その他	寄生虫疾患、アレルギーなど

\やったら/
NG

・自己判断で解熱剤を服用させる
解熱剤で急激に体温を下げると、免疫力の低下や回復の遅れを招く恐れがある

・厚着をさせる
悪寒がないときに厚着させると、熱がこもって余計に熱が上がる

☑ CheckList

▶ 結核チェックリスト

□ 咳が2週間以上続いている　　□ 体がだるい
□ 微熱が続いている　　　　　　□ 血痰が出る
□ 急に体重が減った　　　　　　□ 寝汗をかく

ココを押さえる！

 高齢者の微熱には、こもり熱の場合もあります。室温の上昇や衣服の重ね着などで発熱することがあります。服を1枚減らすなどして、放熱しましょう。

高熱が出て全身状態が悪くなることも

蜂窩織炎かも……
ほうかしきえん

フローチャート：　皮膚が腫れて熱っぽかったら

蜂窩織炎は、オレンジの皮のような見た目になることが多い。水疱ができることも

STEP1
皮膚の状態を確認
発赤、腫れ、圧痛、熱感（熱っぽさ）、浸出液など

STEP2
ほかの部分に同じような症状がないかを確認

STEP3
●バイタルサインのチェック
●意識レベルのチェック
●全身のだるさや悪寒の有無、活動度などを確認

STEP4
●症状のある部分を氷のうやアイスパックで冷やす
●下肢の場合は挙上する

STEP5
主治医に連絡・報告して指示を受ける

蜂窩織炎とは？

　蜂窩織炎とは、細菌が皮膚の中に入り込んで起こる化膿性の炎症です。できやすい部位は、四肢（とくに下肢）ですが、顔、首、お尻などにもできることがあります。

　症状は、境界があいまいな発赤、腫れ、圧痛、浸出液などです。全身の発熱や悪寒、だるさ、頭痛、低血圧、軽度の意識レベル低下、活動度の低下などが見られる場合もあります。治療法は抗菌薬の投与です。**対症療法として、患部を安静にし、患部を冷やすこと（下肢の場合は挙上）も大切**です。

蜂窩織炎になりやすい人

- ●糖尿病のある人
- ●リンパ浮腫のある人
- ●免疫抑制薬を使っている人
- ●ヒト免疫不全ウイルス（HIV）感染者やエイズなどの免疫疾患をもつ人

- ●高齢者
- ●肝炎のある人
- ●抗がん薬を使っている人

　　　など

蜂窩織炎の予防

- ●皮膚の清潔を保ち、保湿する
- ●切り傷や擦り傷、虫刺されなどを防ぐ
- ●リンパ浮腫がある場合は、ストッキングやスリーブなど弾性着衣を使用し、マッサージを心がける

- ●水虫など皮膚の感染症を治療する
- ●切り傷や擦り傷ができたら、すぐに石けんと流水で洗い、滅菌されたガーゼなどで保護する

ココを押さえる！

 蜂窩織炎は抗菌薬で治りますが、早期発見して治療につなげることが大切です。悪化した場合は入院治療が必要になります。

しつこいかゆみは放置しない

かゆみがある

フローチャート： かゆみがあったら

STEP1
かゆみのある部分の皮膚を確認する
（部位および範囲と、発疹や発赤、腫れの有無をチェック）

STEP2
どんなときにかゆみが強くなるか、夜眠れないくらいかゆいのかなど、かゆみについて詳しく聞く

| 湿疹や発赤、腫れがある場合 | 湿疹や発赤、腫れがない場合 |

STEP3
症状の出ている部分を写真に撮り、聞き取った症状とともに、主治医または皮膚科医に報告する

STEP3
皮膚の乾燥による老人性乾皮症のことが多いので、本人所有または医師が処方した保湿剤を塗って様子を見る

高齢者に多いかゆみを伴う主な皮膚疾患

発疹なし	老人性乾皮症（皮脂欠乏症）	皮脂や汗が少なくなったことで皮膚が乾燥し、皮膚に浅い亀裂や、白いフケのような鱗屑（りんせつ）が見られる
	反発性皮膚掻痒症	肝臓疾患や腎臓疾患、透析に伴って起こる
発疹あり	じんましん	突然、強いかゆみを伴う紅斑や、盛り上がった膨疹ができる。数時間～1日で出たり消えたりすることが多いが、アレルギーが原因の場合は短時間のうちにショック状態になることもある
	痒疹（ようしん）	かゆいポツポツとした赤～茶色の発疹ができる。アレルギー、虫刺されなどが発症のきっかけになりやすい
	脂漏性皮膚炎	皮脂の多い部分に、黄色っぽいカスのようなものがついた紅斑ができる。高齢者の場合は、眉毛や鼻、口の周りに多い
	疥癬（かいせん）	ダニの一種が皮膚に寄生して起こる。赤く大きな発疹がだんだん増え、硬い盛り上がり(結節)ができる
	白癬	白癬菌(水虫)の感染が原因。手足のほか、頭や股間などにもできる
	カンジダ症	カンジダというカビが増殖して起こる。指の間や脇の下、股間に、ジクジクした紅斑ができ、鱗屑も見られる

発疹がある場合は、放置せずに医師に報告しましょう。じんましんに咳や息苦しさ、動悸などが伴う場合はアナフィラキシーショック(77ページ)の可能性も考えられます。疥癬や白癬などの感染症では、ほかの利用者や家族への感染拡大防止が重要になります。

 ## 肛門陰部周辺のかゆみ

　高齢者では肛門や陰部周辺のかゆみの訴えも少なくありません。皮膚が薄くデリケートな部分であり、**塗り薬よりも飲み薬が効くこともある**ので、できれば皮膚科医の診察を受けられるようにしましょう。日頃の清潔保持も大切です。

ココを押さえる！

 加齢で皮膚が薄くなり、皮膚のバリア機能が低下すると、皮膚トラブルが起こりやすくなります。かゆみの苦痛とリスクを理解し、適切に対処しましょう。

慢性的な痛みによるQOL低下が問題

腰痛・関節痛

フローチャート： 腰痛、関節痛があったら

急な痛み

STEP1
痛む部位と痛みの程度を確認
・どこが、いつから、どんなときに、どのように痛むかを確認
・痛みの強さを確認（安静時も痛む、動けないくらい痛む など）

STEP2
痛み以外の症状を確認
痛む部位の発赤、腫れ、変形などの有無

STEP3
バイタルサインのチェック

STEP4
主治医に連絡・報告して指示を受ける

慢性的な痛み

STEP1
●痛む部位の確認
●日頃の痛みと違うところはないか確認

STEP2
痛みに影響を
与えているものがないか確認
無理な体位、衣服による締め付け、打撲の有無 など

 あり

 なし

STEP3
体位を変える、衣服を整える、打撲に対する対応 など

STEP3
医師の指示通りの服薬介助を行う（湿布薬を貼る など）

急性の痛みと慢性の痛み

急性の痛みは、文字通り急に起こる痛みで、適切な治療により短期間で治ります。一方、慢性の痛みは、1～3カ月以上長引く痛みです。

急に強い痛みが出た場合や、発熱などの症状が伴う場合は、すぐに治療が必要な病気が原因の可能性が高いので、主治医に連絡と報告をしましょう。

痛みは三つの原因で起こる

炎症や刺激による痛み（侵害受容性疼痛）、神経が障害されて起こる痛み（神経障害性疼痛）、心理・社会的な悩みによって起こる痛みの三つが、痛みの原因です。

痛みが慢性的に続く場合は、この三つとも関係していると考えられます。痛み止めだけでは改善しにくく、**痛みの原因に合う薬の処方や、心理・社会的なケアが望まれます。**

湿布薬は使用量を守る

腰痛や関節痛など痛みが強いと、湿布薬についつい頼ってしまいがちです。とはいえ、鎮痛薬や抗炎症薬を含む湿布薬をたくさん使用することはおすすめできません。**湿布薬といえども、使用量を守る必要があります。**

また、湿布薬を貼りっぱなしにすることはNG。貼って3～4時間したらはがして間をあけ、1日2回などの用量を守ることが大切です。

ココを押さえる！

 慢性疼痛の場合、神経痛の薬（神経障害性疼痛治療薬）や抗うつ薬が有効なことも少なくありません。痛みの専門医の受診も考慮しましょう。

急に物忘れするようになったら要注意

物忘れ

フローチャート： **急に物忘れが進んだら**

STEP1
物忘れの症状を確認する

担当者の名前がわからない、自分の部屋やトイレの場所がわからない、見当識障害がある、ぼーっとして反応が鈍いなど

STEP2
物忘れ以外の症状を確認

うまく話せない（言語障害）、失禁、うまく歩けない（歩行障害）、声がかすれる、全身のだるさ、痛み、しびれ、意欲の低下、体重減少など

STEP3
バイタルサイン、意識レベル、食事摂取量、
排泄、睡眠の状況などをチェック

STEP4
主治医に連絡・報告して指示を受ける

チームで情報共有して症状などをまとめ、主治医に報告

急に認知症のような症状が見られた場合に考えられる主な疾患

疾患	概要	原因	症状
慢性硬膜下血腫	脳を覆っている硬膜と脳の間に血液がたまり、脳を圧迫する	打撲などの頭部外傷。アルコールの多飲、血液をサラサラにする薬の内服中や、透析治療中の人はとくに注意が必要	物忘れ、見当識障害、意欲の低下、失禁、言語障害、歩行障害、しびれ、頭痛、吐き気など
正常圧水頭症	脳内に脳脊髄液が増えすぎたことにより、頭蓋内の圧力が高くなる	原因不明のものと、くも膜下出血や髄膜炎などが原因で起こるものがある	歩行障害、認知機能の低下、尿失禁が主。意欲の低下や集中力の低下が目立ち、ぼーっとしていることが多くなる
甲状腺機能低下症	甲状腺のホルモンが出にくくなり、活動性が低下する	原因不明のものと、細菌やウイルスの感染、免疫の異常などが原因で起こるものがある	意欲の低下や物忘れ、全身のだるさ、脈拍が少なくなる（徐脈）、まぶたや顔のむくみ、かすれ声、皮膚の乾燥など
老年期うつ病	老年期には身体的、心理的、環境的要因などにより、抑うつ的になりやすい	加齢に伴い心身の機能低下が低下していることや、親しい人の死亡などの喪失体験の反応として起こることが多い	２週間以上続く抑うつ、体重減少、不眠または過眠、無気力など
高齢者てんかん	脳の電気信号が乱れる	脳の老化や頭部外傷によって起こる	ぼーっとして意味のない動作を繰り返したり、反応が鈍いことがたまにあり、そのときのことを覚えていないなど

ココを押さえる！

認知症のような症状が出るものにせん妄があります。尿路感染などの体調不良が原因なこともあるので、バイタルサインや意識レベルも一通り確認しましょう。

43

......

状況

出血部位の圧迫止血が基本

出血

フローチャート： **血が出たら**

STEP1

感染防止のため、止血の際にはできる
だけディスポーザブル手袋を使用

●ガーゼやタオル、手元にある布などを使用し、傷口を圧迫
●応援を呼ぶ

STEP2

出血のしかたを確認

傷口から血がにじみ出る→毛細血管からの出血／
黒ずんだ血が流れ出る→静脈からの出血／真っ赤な血が吹き出る→動脈からの出血

STEP3

傷口を心臓より上に挙上する

大量出血による
出血性ショック
の危険！

STEP4

傷口よりも心臓に近い動脈を、手や指で圧迫
（血液の流れを止めて止血する）

真っ赤な血が大量に出血

真っ赤な血が少量出血
黒ずんだ血が流れ出る状態

STEP5

救急車を呼ぶ

STEP5

●完全に血が止まるまで圧迫
●主治医に連絡・報告し、傷の手当て
　を依頼する

出血性ショック

　体内を流れる血液量は体重1kgあたり約80ml、体重60kgの人なら4.8Lです。**全血液量の20%（体重60kgの人なら960ml）が短時間で失われると、出血性ショックになります。**

出血量と出血性ショックの程度の目安

ショックの程度	出血量(ml)	症状
なし	0〜500	精神的不安、立ちくらみなど
軽症ショック	500〜1200	軽度頻脈、軽度血圧下降、四肢冷感など
中等度ショック	1200〜1800	頻脈、血圧下降、蒼白など
重症ショック	1800〜	意識レベル低下、蒼白、チアノーゼ、浅い呼吸など

止血の方法

▶直接圧迫止血
傷口を直接圧迫する

鼻血の場合、小鼻の
あたりをつまんで
圧迫する

▶関節圧迫止血
傷口よりも心臓に近い動脈を圧迫する

・手や足の出血で、直接圧迫止血では困難な場合に行う

・30分に一度ゆるめて、またしばることを繰り返す

\やったら/
NG

・**鼻血の場合に上を向く**
血液がのどに流れて吐き気がすることもある

・**鼻血の場合に首の後ろを叩く**
かえって出血を促し、誤嚥することも

真っ赤な血が吹き出ているときは、緊急の対応を

状況 **44**

おかしいと思ったら放置しない

虐待かも……

フローチャート： 虐待を疑ったら

STEP1
チームリーダーや上司に報告

自分1人の判断で対応するのはNG。
必ず組織で速やかに対応しましょう

STEP2
チームで情報収集して報告書を作成
（判断が難しい場合は、市町村や虐待防止センターなどに相談しましょう）

STEP3
●「虐待防止委員会」などが施設内に設置されていれば報告
●特定の委員会がない場合は施設長に報告

STEP4
市町村や県に報告

もしかして？　と思ったら……

　虐待を受けている高齢者本人や、虐待している養護者（養介護施設従事者）に虐待の自覚がなくても、**客観的に高齢者の権利が害されていると確認できる場合は、虐待と考えて対応しましょう。**

養護者、養介護施設従事者などによる高齢者虐待への対応

	養護者による高齢者虐待	養介護施設従事者などによる高齢者虐待
市町村の責務	相談・通報受理、居室確保、養護者の支援	相談・通報受理、老人福祉法・介護法に基づく適切な権限を行使
都道府県の責務	市町村の施設への援助など	老人福祉法・介護保険法に基づく適切な権限を行使、措置などの公表
設置者などへの責務		当該施設などにおける高齢者に対する虐待防止などのための措置を実施
虐待を発見したときの対応	**虐待発見** ↓ **通報** ↓ **市町村** ①事実確認（立入調査） ②措置（やむを得ない事由による措置、面会制限） ③成年後見人の市町村申立て	**虐待発見** ↓ **通報** ↓ **市町村** ①事実確認 ②老人福祉法、介護保険法の規定による権限の適切な行使 ↓ **都道府県** ①監督権限の適切な行使 ②措置などの公表

ココを押さえる！

 気になることは必ず記録し、組織内で情報共有を。「もし違ったら」ではなく、「もし虐待だったら」と考えて行動することが早期対応に。

急変時報告シート

年　　　月　　　日

利用者氏名			
担当		発見者	
発見時刻	：	発見場所	
主な症状			
反応の有無	あり　・　なし		
呼吸の有無	あり　・　なし		
脈拍の有無	あり　・　なし		
意識レベル			
バイタルサイン	呼吸　　　　　回／分	脈拍　　　　　回／分	血圧　　／　　mmHg
	体温　　　　　　℃	SpO$_2$　　　　　％	
顔色	普通　・　蒼白　・　赤い		
冷や汗	あり　・　なし		
手足の冷感	あり　・　なし		
自力歩行（普段できる人）	できる　・　できない		
119番通報	した　・　していない		
医療・福祉機関への連絡	あり　・　なし		
家族等への連絡	あり　・　なし		

急変を発見後の経過

月日・時間	症状	行った処置など	サイン

PART 4

巻末資料

知っておきたい医療用語

医療職との連携では、たびたび医療などの専門用語が飛び交うこともあります。
基本的な医療用語、また医療・福祉器具を取り上げて解説します。

ADL

Activities of Daily Livingの略で、「日常生活動作」と訳される。食事、排泄、整容、移動、入浴など、日常生活を営む上で普通に行っている行為のこと。日本リハビリテーション医学会は、「一人の人間が独立して生活するために行う基本的な、しかも各人ともに共通に毎日繰り返される一連の身体的動作群」と定義。

ASO

Arteriosclerotic Obliteransの略。「閉塞性動脈硬化症」と訳される。介護保険による特定疾病のひとつ。血液の流れが滞り、手足に障害が現れる。進行すると、潰瘍や壊死が起こる。

CO₂ナルコーシス

急な高炭酸ガス（CO_2）血症により、中枢神経や呼吸中枢が抑制され意識障害や呼吸抑制が生じること。在宅酸素などを行っている慢性閉塞性肺疾患（肺気腫など）の患者に、過剰な酸素を供給するとCO_2ナルコーシスを起こす。

IADL

Instrumental Activities of Daily Livingの略で、「手段的日常生活動作」と訳される。ADLを応用する必要のある動作で、電話を使用する能力、買い物、食事の準備、家事、洗濯、移送の形式、外出、自分の服薬管理、財産取り扱い能力という9項目の尺度がある。

アシドーシス

体内の水素イオン濃度が下がり体液が酸性に傾くこと。重症になると意識障害に至る。呼吸器疾患、糖尿病、腎臓疾患で起こる。

アナフィラキシー

アレルギー反応が短い時間で全身に激しく現れること。じんましんなどの皮膚症状、腹痛や嘔吐などの消化器症状、息苦しさなどの呼吸器症状が同時に、あるいは急激に出現し場合によっては生命を脅かす（アナフィラキシーショック）。迅速な救急対応が必要である。

インスリン

血液中のブドウ糖が、筋肉や細胞でエネルギーに変わるときに必要なホルモン。インスリンの分泌量が減ったり、働きが悪くなったりすると血液中のブドウ糖が利用されず、血糖値が高くなる。インスリンは膵臓のランゲルハンス島という細胞のかたまりの中のβ細胞でつくられる。

■ 植え込み式除細動器（ICD）

心室頻拍や心室細動など、突然死につながる危険な頻脈に対して用いる体内植え込み型治療装置。危険な頻脈が起こったとき、自動的に電気ショックを与え、心臓の動きを元に戻す。ペースメーカーとICDの機能を併せもつ両心室ペーシング機能付き植え込み式除細動器（CRTD）も普及しつつある。

■ 黄疸

ビソルビンという色素が血液中に増加し、皮膚や粘膜が黄色みを帯びること。肝臓や胆管系の疾患が疑われる。

■ オリーブ橋小脳萎縮症

小脳が萎縮し運動失調が起きる疾患。脊髄小脳変性症では最も多い病型。自律神経失調の症状やパーキンソン病のような症状も。運動失調の進行を抑えるためリハビリを行う。

■ 過活動膀胱

膀胱が突然収縮することで尿意を感じ、我慢できなくなる病気。尿意切迫感や頻尿などの症状が見られる。

■ 喀痰吸引器

本人が自力で喀出できない痰などの気道や口腔内分泌物を、取り除くための装置。カテーテルを接続して使用する。気管切開をしている人に対しては、24時間一定の低圧で持続的に吸引する自動喀痰吸引器を用いることもある。

■ カニューレ

身体に挿入し、体液の排出や薬液の注入などのために用いる管のことをカニューレという。意識障害、腫瘍などで気管が閉塞したとき、気管切開をして装着するものを気管カニューレという。また、酸素吸入のために鼻腔に装着するものを酸素（経鼻）カニューレという。

■ 関節リウマチ

関節が腫れて痛む進行性の疾患。起床時に関節のこわばりや痛みがある。全身のだるさや食欲不振、貧血、手足のしびれなどの症状が見られる。中高年の女性に多いのが特徴。

■ 狭窄

弁の開口部が細く狭くなり、内容物が通過しにくくなった状態のこと。脊柱管が狭くなる脊柱管狭窄症や大動脈弁狭窄症などの病気がある。

■ 筋固縮

筋肉がこわばり、体をスムーズに動かせなくなる状態。無理に動かそうとすると、歯車のようにガクガクとした動きになる。これを歯車現象という。体の関節が硬くなったり、動きが鈍くなることで、日常生活に支障をきたすことがある。

■ 経管栄養

口から食事を摂ることが難しい場合の栄養摂取法。鼻からチューブを挿入する鼻腔栄養と皮膚と胃にろう孔をつくり、水分や栄養分を投与する胃ろうがある。胃ろうは、チューブによる不快感の問題などを解消できるため、長期の使用が可能。経管栄養が必要になる病気として、脳血管障害や食道穿孔、炎症性腸疾患などがある。

■ 血腫

血瘤とも呼ばれる。血管から出血した血液が、体外に出ずに体内の組織内にたまってこぶのように腫れ上がった状態。主なものに、皮下血腫

や脳硬膜下血腫などがある。

■ 拘縮

関節の動きが悪くなった状態を指す。けがなどで関節を動かさないでいたために、皮膚や筋肉などの組織が伸縮性を失うことで起こる。関節を動かすときに痛みが出る。

■ 血栓溶解療法

脳梗塞の治療法。脳の血管に詰まっている血栓を薬剤で溶かす。「t-PA（組織プラスミノーゲンアクチベータ）」という血栓溶解薬を使用するため、「t-PA療法」ともいう。脳梗塞発症後、4.5時間以内にt-PAを静脈内投与する。

■ 高血圧

生活習慣病のひとつ。原因不明のものを本態性高血圧という。循環器系疾患や脳血管疾患などに影響を及ぼす。

■ 甲状腺機能低下症

甲状腺から分泌される甲状腺ホルモンが減少した状態。甲状腺の腫れ、倦怠感、疲労感、気力低下などの症状、また物忘れや錯乱、動作の緩慢さ、表情が乏しいなどの症状から、うつ状態や認知症と間違われることがある。

■ 骨粗鬆症

骨量が減り、骨がもろくなることで、骨折しやすくなる疾患。女性ホルモンの低下や、ビタミンDの不足、運動不足などが主な原因。閉経後の女性に多く見られる。

■ 在宅酸素療法（HOT）

病状は安定しているが、体の中に酸素を十分に取り込めない人に対して、自宅で酸素を吸入する治療法。「Home Oxygen Therapy」の頭文字をとって「HOT（ホット）」と呼ばれる。肺気腫、間質性肺炎、肺線維症などの呼吸器系疾患が大半を占めるが、神経疾患、がんなどさまざまな疾患が対象となる。

■ 嗄声

音声障害のひとつ。ガラガラ声やかすれた声、弱々しいか細い声などの症状が見られる。原因疾患として、脳血管障害や胸部がんなど、のどの異常以外によっても起こる。誤嚥性肺炎に注意する。

■ サルコペニア

高齢になるに伴い、筋肉量が減少していく現象。ギリシア語で骨格筋の減少を意味し、サルコ（筋肉）とペニア（減少）の造語。個人差はあるが、40歳前後から徐々に減少傾向が見られ、加齢に伴って加速化していく。

■ 酸素吸入器

空気よりも高濃度の酸素を投与するための器具。酸素吸入は、呼吸機能や肺機能が低下している人に対して、動脈血に含まれる酸素の量（動脈血酸素分圧＝PaO2）を正常に保つために行う。酸素を吸入する器具は、鼻腔カニューレ、フェイスマスク、より高濃度の酸素を投与するリザーバー付きマスクなどがある。

■ ジギタリス中毒

強心剤の一種であるジギタリスの血中濃度上昇により起きる。悪心などの消化器症状、徐脈などの症状がある。ジギタリスは心房細動による頻脈の治療に用いられ、心臓の収縮力を増大させ、心拍数やリズムを調整する作用がある。

▪ 徐脈

心拍数が減少し、1分間に60回未満になった状態。全身に酸素が十分行き渡らず、めまい、息切れなどが起こりやすくなる。

▪ 人工呼吸器

筋萎縮性側索硬化症（ALS）や筋ジストロフィー、脳血栓などの病気が原因で自発呼吸ができない人の肺に、空気を送り込む装置。鼻マスクによって呼吸を補助する非侵襲的人工呼吸療法と、気管切開して人工呼吸器に接続する侵襲的人工呼吸療法がある。

▪ 人工透析

腎不全のため体の中にたまっていく老廃物や、余分な水分を定期的に排出する方法。通院して行う血液透析と、主に在宅で行う腹膜透析がある。糖尿病などの腎不全患者の増加に伴い、在宅自己腹膜灌流法も増加傾向にある。

▪ 心不全

血液を全身に送るという心臓の機能が低下した状態。呼吸困難やむくみを伴うことが多いが、自覚症状が乏しい場合もある。意識障害や、精神錯乱症状が出ることもある。

▪ 心房細動

不整脈の一種。高齢者によく見られ、心房が細かくふるえ脈が乱れる。心房細動は心臓内での血栓をつくりやすく、脳梗塞の原因となる場合もあるため、血液を固まりにくくするために抗凝固薬を使用することがある。

▪ 睡眠時無呼吸症候群（SAS）

睡眠中に無呼吸状態（10秒以上呼吸が止まること）になることで、Sleep Apnea Syndrome の略。筋弛緩により舌根部や軟口蓋が下がり、気道を閉塞することが原因。脳血管障害・重症心不全などによる呼吸中枢の障害で呼吸運動が消失する場合がある。nasal CPAP（continuous positive airway pressure）により、呼気時の気道狭窄を防ぐ。

▪ 前立腺肥大

高齢者になり前立腺が肥大し、尿道が圧迫されることで、残尿感や頻尿が現れる症状のこと。進行すると、尿閉が起こる場合がある。

▪ ダンピング症候群

切除後遺症のひとつで、胃切除手術を受けた患者の15〜30%に起こる。早期は炭水化物が急速に小腸に流出するために、冷や汗、めまい、腹痛、全身倦怠感などの症状が現れる。後期はインスリンの過剰分泌による低血糖になることで、初期と同様の症状が現れる。

▪ チアノーゼ

心疾患、肺疾患、喘息発作などにより血液中の酸素濃度が低下し、口唇、顔、手足の爪などが暗紫色に変色する状態。寒さなどによって健康な人にも見られるが、生命の危機が生じているという信号の場合もあり、注意が必要。

▪ 中心静脈栄養法

Intravenous Hyperalimentationの略。必要な栄養量を口から摂取できないときに、鎖骨下静脈などから、高カロリー輸液をいれて栄養を補給する方法のこと。アミノ酸やブドウ糖などの高カロリー液が注入される。

▪ デブリードメント

壊死、損傷、感染した組織を、メスやハサミで切除すること。創傷の回復を促すための外科的処置で、けがや褥瘡、糖尿病によってできた壊死部位などに対して行う。デブリードメントで創傷を刺激することが、組織の生成を助ける。

▪ ドライマウス

唾液の分泌量が減ったために、口やのどが渇くパンやクッキーが食べにくい、味を感じにくい、口臭がするなどの症状が現れる。主な原因は、加齢、薬剤の副作用、咀嚼力の低下。糖尿病や腎臓病、ストレスなどが影響することも。ドライマウスは口の機能低下の一因になる。

▪ ドレッシング材

術後の処置や傷口を保護するために、覆ったり巻いたりするものの総称。傷口の保護、保湿、汚染防止、浸出液の管理など治癒を促す目的で使用する。

▪ 尿路結石

腎臓から尿道までの尿路に生じる石のようなかたまり。まず、シュウ酸カルシウム、リン酸カルシウム、尿酸などが尿中で飽和状態となり結晶ができる。次に、それを核にして表面にシュウ酸、リン酸、尿酸が付着して大きくなり結石に。微小な結晶や結石は無症状のうちに尿中に排泄されるが、ある程度大きなものは疼痛や血尿の原因になる。

▪ ネフローゼ症候群

多量のタンパクが尿中に出てしまう結果、低タンパク血症が起こりむくみやコレステロールの上昇などが見られる疾患。薬物療法に加え、減塩食の食事治療が必要。

▪ 肺気腫

終末細気管支とそれに付随する肺胞が破壊され、異常に拡大してしまった状態。酸素を取り込んで二酸化炭素を排出する、ガス交換の効率が悪化する。呼吸時にゼーゼー、ヒューヒューと音を立てる喘鳴、労作時呼吸困難が生じる。慢性閉塞性肺疾患（COPD）の一病体。

▪ パルスオキシメーター

動脈の血液中の酸素量（血中酸素飽和度：SpO_2）を測定する機器。脈拍も表示されるので、呼吸器、循環器の状態が測定できる。携帯用もあり、介護施設や在宅でも使われている。

▪ フレイル

年齢に伴って筋力や心身の活力が低下した状態のこと。もともとは弱さ・虚弱という意味の英語で、健康と病気の「中間的な段階」を指す。75歳以上の多くの場合、フレイルを経て徐々に要介護状態に陥ると考えられている。

▪ ヘルニア

腹膜や腸の一部が、足の付け根の筋膜の間から皮膚の下に出てくる疾患。高齢者に多く見られるのが特徴。

▪ ペースメーカー

徐脈性不整脈の治療に用いられる医療機器。心臓を規則正しく動かすために、人工的に電気信号を発信する。内部に電池と制御回路が収まっている。植え込む位置は一般的に左胸部。6～12カ月ごとに作動状況をチェックする。

■ 膀胱留置カテーテル

自然排尿が難しいときに、膀胱の中に管を留置して持続的に尿を排出させる方法のこと。手術後の創傷部の感染予防のため用いられる。

■ 発赤

皮膚が赤みを帯びること。毛細血管の拡張・充血によって起こる。褥瘡の初期段階ややけどなどで見られる。

■ ピック病

若年性認知症のひとつ。脳の前頭葉から側頭葉にかけての部位が萎縮し、性格の変化や理解不能な行動が特徴。うつ病や統合失調症と間違えられることも多い。

■ 腹腔鏡、胸腔鏡

内視鏡のひとつで、先端に付いている対物レンズと照明レンズで体の内部を観察できる。腹腔内に使用するものを腹腔鏡、胸腔内に使用するものを胸腔鏡という。腹腔鏡（胸腔鏡）手術では、腹部（胸部）に小さな穴を数カ所あけ、そこから腹腔鏡（胸腔鏡）のほか、鉗子など専用の手術器具を挿入し、腹腔鏡（胸腔鏡）によってモニターに映し出された映像を見ながら処置を行う。

■ ラクナ梗塞

皮質下の脳梗塞のうち、大きさが1.5cm以下の小さな脳梗塞のこと。ラクナ梗塞では、梗塞する部分が小さいので、症状が出ないこともあり、発作がないままに脳のあちこちに発生して症状が進行していく場合もある。多発性脳梗塞になると言語障害、歩行障害、嚥下障害、認知症といった症状が現れる。

■ リンパ浮腫

リンパの流れが滞っているために、進行性のむくみが腕や足に現れる。乳がん、子宮がん、卵巣がん、前立腺がん、皮膚がんなどの治療による後遺症のひとつ。手術直後に発症することもあれば、10年以上経ってから発症することもある。リンパドレナージや圧迫療法など適切な治療により改善する。

■ ロコモティブ症候群

骨・関節・筋肉などの運動器（ロコモティブオーガン）の衰えや障害によって、生活の自立度が低下し、寝たきりになったり、要介護になったりするリスクが高まる状態のこと。予防のためには原因となっている病気の治療だけでなく、全身の状態を改善し生活の質を保つようにすることが重要。

急変と看取り
穏やかな最期を迎えるために

「自宅で人生の終末期を過ごしたい」「家族や親しい人に囲まれて最期を迎えたい」。そう願って在宅訪問診療(在宅医療)を選ぶ人が増えています。終末期に向かう人の体と心に現れる変化をしっかりと知っておきましょう。

●病の軌跡

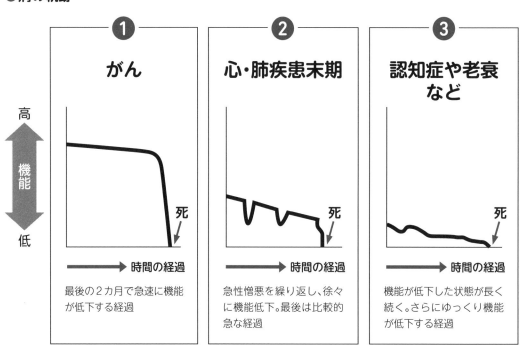

① **がん**

最後の2カ月で急速に機能が低下する経過

② **心・肺疾患末期**

急性憎悪を繰り返し、徐々に機能低下。最後は比較的急な経過

③ **認知症や老衰など**

機能が低下した状態が長く続く。さらにゆっくり機能が低下する経過

年を重ねるとともに、体そのものの機能も認知機能も衰えていきます。「がん」、「心不全や呼吸不全などの慢性疾患」、「認知機能の認知症などの病気」の大きく分けて三つです。これを病の軌跡といいます。どのように体が変化していくのか、亡くなっていくかは、疾患によっても個人差があり、すべての人が同じ経過を辿るわけではありません。

●最期が近いと思われる状態・症状

1週間前〜

・眠っている時間が長くなる
・夢と現実をいったりきたりする
・聞き取りづらくなる
・水分摂取量が低下する
・むせることが多くなる
・尿量が減る
・口数が少なくなる
・表情が乏しくなる
・食事を摂らなくなる
・トイレに行けなくなる

※ただし、がん患者は、亡くなる前日まで会話ができたり、数日前までトイレの自立や歩行が可能なことも多い

やっておきたいこと、話しておきたいこと、会っておきたい人がいれば、この時期に対応しましょう

1、2日〜数時間前

・声をかけても目を覚ますことが少なくなる
・のど元でゴロゴロ音がすることがある
・唾液をうまく飲み込めなくなる。舌根が気道をふさいだりする
・呼吸が浅く、不規則になったり、呼吸のたびに肩やあごが動くようになる
・手足の先が冷たく青ざめ、脈が弱くなる
・チアノーゼや唇に赤紫色の斑点が現れる
・頻脈や徐脈、不整脈などが現れ、酸素飽和度、血圧が低下する

唾液が飲み込めないときは、体を横に向けて気道を確保します。呼吸のたびに肩やあごを動かすのは、自然な動き。慌てずに見守ります

ほかにもある体や意識の変化

・唇や口腔内が乾く
・尿が少なく、濃くなる
・視力が低下する
・つじつまの合わないことを言ったり、手足を動かすなど落ち着かなくなる
・食事や水分の摂取量が少なくなり、便秘になりやすくなる

終末期に食事や水分がとれなくなるのは当然のことです。無理に与える必要はありません。「食べたいときに食べたいものを食べたい量だけ」を心がけましょう

── 終末期に容態が急変したら？ ──

上記のような容態の変化が見られたときは、まずはかかりつけ医に電話をしましょう。もしかしたら、気が動転してしまい、救急車を呼んでしまうことがあるかもしれません。ですが、救急車を要請することは、救命処置のルートに乗るということです。利用者が延命治療を希望していないときは、病院に到着後でもかまわないので、本人の意思を伝えましょう。

こんなときどうする？
終末期の変化と対応Q&A

終末期に行われる介護ケアのポイントをまとめました。
どのような対応をしたらよいかを確認しておきましょう。

**食事や水分をとる量が徐々に減ってきています。
飲食できないときはどうしたらよいでしょうか？**

**利用者が食べたいものを食べたい
タイミングであげましょう。**

　病状が進んでくると、食事や水分を摂る量が徐々に少なくなってきます。心配になるかもしれませんが、食べなくても病状が悪化することはありません。また、体調によって、食べたいものは変わるので、利用者が食べたいときや飲みたいときに希望するものをあげるようにしましょう。なお、食べやすい大きさに切るなど工夫して、誤嚥しないように注意します。

　もちろん、食べたいものや買い置きがいつもあるとは限らないでしょう。「今用意できるのは、○○と××です。どちらが食べたいですか？」といった具合に利用者に選んでもらうのもよいでしょう。アイスクリームやはちみつなどは、喜ばれることも多いです。

**脱水症状を起こしています。
点滴はしなくてよいのですか？**

**点滴の必要はありません。
むしろ副作用につながることがあります。**

脱水傾向にあることが苦痛の原因になることはほとんどありません。むしろ、患者さんにとってやや水分が少ない状態の方が、苦痛をやわらげることが多いです。逆に、むくみや胸水、腹水があるときは点滴を減らすことがつらい症状をやわらげることになる場合があります。点滴などで水分や栄養分を入れたとしても、うまく利用できないので、体の回復につながりません。おなかや胸に水が溜まる、痰が増えるといった、副作用が出る場合があります。

終末期に介護職ができることは？ずっと眠っていてタイミングがつかめません……。

マッサージや声かけをしましょう。

眠っているときには、手足をやさしくマッサージしたり、お気に入りの音楽をかける、水でやさしく唇を湿らせるなどをします。口呼吸で口が乾いていたら、ジェルを塗ったり、水でぬぐうのもよいです。何か特別なことをするのではなく、普段通りに丁寧に接すること、利用者が穏やかな表情であることを確認することが大切です。

強い痛みがあってつらそうです。どうすればよいでしょうか？

痛みが強いときは、医療職に相談してみましょう。

鎮静剤や鎮痛薬の量を調整して、苦痛がないようにします。深く眠っているときは、苦痛が感じられないときです。眉間のしわがないか、息づかいは正常か、手足の動きはないかを確認します。

のどがゴロゴロしていて、
苦しそうです……。

 体の位置を工夫します。

　終末期には、痰や唾液がうまくのみこめなくなるため、のどに痰がたまってゴロゴロすることが多いです。終末期の自然な経過のひとつで、多くの人に起こる現象です。

　口腔内にたまった痰を綿棒などでやさしくぬぐいます。また、胸や背中に手を当ててやさしくさすったりすることも効果的です。吸引は、苦痛の伴う処置です。吸引で気道の分泌物がすべて取れるわけではありません。吸引を行う場合は、よく相談して、丁寧に行います。

 どのように体の状態を判断したらよいでしょうか？　また、どのような配慮が必要でしょうか。

 定期的に体の状態を観察しましょう。

　脈拍数や手足の温かさ、表情、息づかいなどから体の状態を判断します。観察を行って、利用者の希望や苦痛を聞き出します。

　利用者の反応や表情を見ながら楽な姿勢を探します。定期的に体の位置を変えましょう。もし、エアコンからの送風が直接あたるようなら、乾燥しないように室温を保ちます。

　終末期において、状態は変化します。バイタルばかりにとらわれて、頻回に測定するのではなく、昨日と比較してどうかという視点で観察するようにしましょう。

 せん妄が生じているようです。意識がもうろうとしていて、話のつじつまが合わないようですが……。

苦痛や苦しみを感じていないか確認します。

　どう対応したらよいかわからないときは、迷わず医療職を呼びましょう。せん妄が起こるのは、酸素が少なくなったり、肝臓や腎臓の働きが悪くなって有毒な物質が排泄されなくなるので、脳が眠るような状態になるからです。がんが進行した方の70%以上に起こります。

　体の痛みが強すぎての興奮状態でもなければ、患者さんの心が弱かったり性格が原因だったりして起こる精神病、まして認知症（痴呆）や「気がおかしくなった」のでもありません。

 在宅や施設で亡くなった場合の対応は？　自宅で亡くなったとき、介護職が最初にとるべき行動は？

 かかりつけ医に連絡をしましょう。

　あわてて救急車を呼ばないように注意しましょう（155ページ）。これまで診察したことがない医師（病院）が亡くなった人を診察しても、死亡診断書を書くことはできせん。死体検案書となり、警察の介入もありえます。訪問診療や外来通院している患者なら、24時間以内に診察を受けていない場合でも、死亡後に診察をすれば死亡診断書を書いてもらうことができます。

SHOEISHA iD メンバー購入特典

特典ファイルは、以下のサイトからダウンロードして入手いただけます。

https://www.shoeisha.co.jp/book/present/9784798184012

特典ファイルは圧縮されています。ダウンロードしたファイルをダブルクリックすると、ファイルが解凍され、ご利用いただくことができます。

【注意】

※会員特典データのダウンロードには、SHOEISHA iD（翔泳社が運営する無料の会員制度）への会員登録が必要です。詳しくは、Web サイトをご覧ください。

※会員特典データに関する権利は著者および株式会社翔泳社が所有しています。許可なく配布したり、Web サイトに転載することはできません。

※会員特典データの提供は予告なく終了することがあります。あらかじめご了承ください。

[監修者プロフィール]

川邉正和
（かわべ・まさかず）
大阪赤十字病院呼吸器外科を経て、2015年かわべクリニック開院。2018年東大阪プロジェクトを設立。『出会うことで、人が動き出し、ともに未来を変える 〜穏やかなエンディングをみんなで〜』をクレドとして、医療介護職に閉ざさない真の地域包括ケアシステム構築を目指している。

川邉綾香
（かわべ・あやか）
2005年より大阪赤十字病院勤務。終末期患者様が救急搬送に至った経緯を知るなかで、『最期まで住み慣れた自宅で療養できる医療』を目的に、2015年にかわべクリニックを開院。すべてをコーディネートできる看護師の育成に取り組み、数多くの講演活動、ブログでの情報発信を行っている。

[著者プロフィール]

介護と医療研究会（かいごといりょうけんきゅうかい）
介護・医療関係をテーマに編集・執筆を行うグループ。介護・医療雑誌の取材、執筆などを手がける。介護・医療関係者が在籍し、介護業界をよりよくするために意見を交わしている。

●**装丁デザイン**　西垂水敦・内田裕乃（krran）
●**DTP・本文デザイン**　竹崎真弓（株式会社ループスプロダクション）
●**本文イラスト**　kikii クリモト
●**執筆協力**　天野敦子

急変時対応 介護スタッフのための医療の教科書

2023年12月25日　　初版第1刷発行
2024年6月20日　　初版第2刷発行

著　　者　　介護と医療研究会
監　　修　　川邉正和
　　　　　　川邉綾香
発行人　　佐々木幹夫
発行所　　株式会社翔泳社（https://www.shoeisha.co.jp）
印刷・製本　中央精版印刷株式会社

ISBN978-4-7981-8401-2
Printed in Japan